LA FOLLE DE CHAILLOT

JEAN GIRAUDOUX

La Folle de Chaillot

PIÈCE EN DEUX ACTES

GRASSET

ISBN : 978-2-253-01249-8 1re publication-LGF

PERSONNAGES

La Folle de Chaillot a été jouée pour la première fois le 19 décembre 1945, au *Théâtre de l'Athénée,* sous la direction de Louis Jouvet et avec la distribution suivante (ordre d'entrée en scène) :

Le prospecteur	MAURICE LAGRENÉE.
Le garçon, Martial	BACONNET.
La fleuriste	SYBILLE GÉLIN.
Le président	FÉLIX OUDARD.
Le baron	RAY ROY.
Le chanteur	LUCIEN BARGEON.
Le sergent de ville	JEAN DALMAIN.
Le chasseur	RENÉ BESSON.
Le chiffonnier	LOUIS JOUVET.
Le sourd-muet	MARTIAL REBE.
Irma, la plongeuse	MONIQUE MÉLINAND.
Le marchand de lacets	ANDRÉ MORALES.
Le jongleur	ANDRÉ BERNY.
Le coulissier	LÉO LAPARA.
Un hurluberlu	GEORGES RIQUIER.
Les femmes	WANDA. CAMILLE RODRIGUE. VÉRA SILVA.
Aurélie, la folle de Chaillot	MARGUERITE MORENO.
L'officier de Santé Jadin	AUGUSTE BOVERIO.
Le sauveteur du Pont de l'Alma.	JEAN LE MAITRE.
Pierre	MICHEL HERBAULT.
Deuxième sergent de ville	FRED CAPEL.
L'égoutier	BACONNET.

PERSONNAGES (suite)

Constance, la folle de Passy ....   MARGUERITE MAYANE.
Gabrielle, la folle de Saint-Sul-
pice ....   RAYMONE.
Joséphine, la folle de la Con-
corde ....   LUCIENNE BOGAERT.
Un président de Conseil d'administration ....   FRED CAPEL.

Messieurs les prospecteurs des ⎱   PAUL GROSSE.
Syndicats d'Exploitation ..... ⎰   MICHEL GROSSE.
                                   JEAN BLOCH.
                                   RENÉ POUTET.

Messieurs les représentants du ⎱   MICHEL ETCHEVERRY.
peuple affectés aux intérêts   ⎰   JEAN LE MAITRE.
pétrolifères de la nation ....   GEORGES RIQUIER.
                                   JACQUES MONOD.
                                   JEAN CARRY.

Messieurs les syndics de la presse
publicitaire :
Premier syndic ....   GUY FAVIÈRES.
Le directeur ....   PAUL RIEGER.
Le secrétaire général ....   HUBERT ROUCHON.
Première dame ....   CAMILLE RODRIGUE.
Deuxième dame ....   WANDA.
Troisième dame ....   VÉRA SILVA.
Le chef du premier groupe
d'hommes ....   JEAN DALMAIN.

Premier groupe d'hommes « Les ⎱   PAUL GROSSE.
amis des animaux » ....   ⎰   MICHEL GROSSE.
                                   JEAN BLOCH.
                                   RENÉ POUTET.

Le chef du deuxième groupe
d'hommes ....   MICHEL ETCHEVERRY.

PERSONNAGES (suite)

Deuxième groupe d'hommes « Les amis des végétaux » ....
JEAN CARRY.
JEAN LE MAITRE.
HUBERT ROUCHON.
MARC EYRAUD.

Le chef du troisième groupe d'hommes ....
AUGUSTE BOVERIO.

Troisième groupe d'hommes « Les Adolphe Bertaut » ....
GEORGES RIQUIER.
PAUL RIEGER.
JACQUES MAUCLAIR.
JACQUES MONOD.

La musique de scène était de HENRI SAUGUET.
Les décors et costumes de CHRISTIAN BÉRARD.

ACTE PREMIER

Terrasse chez Francis, place de l'Alma.

LE PRÉSIDENT
Prenez place, Baron. Le garçon va nous verser mon porto spécial. Il faut que nous fêtions ce jour, qui s'annonce historique.

LE BARON
Va pour le porto.

LE PRÉSIDENT
Un cigare ? Il est à mon chiffre.

LE BARON
Un narguilé, plutôt. Je me sens dans une légende arabe. Je me sens dans un de ces matins de Bagdad où les voleurs lient connaissance, et, avant de courir la chance nouvelle, se racontent leur vie.

LE PRÉSIDENT
Pour ma part, j'y suis tout prêt. Sur la mer des

aventures, il est profitable parfois de faire le point. A vous l'honneur.

LE BARON

Je m'appelle Jean-Hippolyte, baron Tommard...

> Un chanteur des rues s'est installé devant les consommateurs. Il chante le début de la *Belle Polonaise*.

LE CHANTEUR, chantant.

Entends-tu le signal
De l'orchestre infernal !

LE PRÉSIDENT

Garçon, chassez cet homme !

LE GARÇON

Il chante la *Belle Polonaise*, Monsieur.

LE PRÉSIDENT

Je ne vous demande pas le programme ! Je vous dis de chasser cet homme.

> Le chanteur disparaît.

LE BARON

Je m'appelle Jean-Hippolyte, baron Tommard. Ma vie jusqu'à cinquante ans fut simple, mon activité se bornant à vendre une des propriétés léguées par ma famille pour chacune de mes amies. J'échangeais des noms de lieu contre des prénoms, les Essarts contre Mémène, la Maladrerie contre Linda, Durandière contre Daisy. A mesure que le nom de lieu était plus français, le prénom devenait plus exotique. Ma dernière ferme fut Frotteau, mon dernier prénom Anouchka. Suivit une période plus trouble, où je me vis réduit à rédiger, par l'entremise d'un libraire, les versions et les problèmes des élèves du lycée Janson.

Votre fils, remarquant la ressemblance de nos écritures, me confia même le soin de mettre au propre pour lui les copies elles-mêmes. Cette assiduité à la classe que je n'avais pas eue dans mon enfance, me valut la récompense promise par la morale aux bons écoliers. Votre fils, auquel je présentai Anouchka, me présenta à vous, et, à la seule audition du nom propre, si j'ose ainsi m'exprimer, qui est le mien, vous avez jugé bon de m'offrir un fauteuil dans le conseil d'administration de la société que vous fondez aujourd'hui...

LE PRÉSIDENT

A mon tour ! Je m'appelle...

LA BOUQUETIÈRE

Des violettes, Monsieur ?

LE PRÉSIDENT

Filez...

La bouquetière file.

LE PRÉSIDENT

Je m'appelle Emile Durachon. Ernestine Durachon, ma mère, s'est tuée à des journées pour payer ma pension de collège. Je ne l'ai jamais vue qu'accroupie et lavant. Quand dans ma mémoire je la relève, je ne reconnais même plus son visage; c'est celui de je ne sais quelle vengeance, et qui crache sur moi. Aussi désormais je l'y laisse. Expulsé de la pension pour avoir constitué ma première société anonyme, une bibliothèque libertine que je louais à prix fort aux camarades, je m'en vins à Paris avec l'ambition de ravir leur méthode aux personnages célèbres. Je débutai mal comme chasseur du journal *La Fronde,* dont la directrice, l'illustre Séverine, m'employait à porter les cadavres au cimetière d'animaux d'Asnières qu'elle avait créé. Il paraît que j'ai une nature qui me fait rudoyer même les chiens morts. Je n'eus pas plus de chance comme bagagiste de Sarah Bernhardt, du jour où elle se mit à compter ses valises. Ni comme laveur du champion cycliste Jacquelin, du jour où il compta ses pneus. Mes rapports avec la gloire me laissant affamé, humilié, haillonneux, je me retournai vers ces visages inexpressifs et sans nom que j'avais remarqués postés au milieu de la foule dans un guet insensible. Ma fortune était faite. Une première face glabre, rencontrée en plein métro, me fournit l'occasion de gagner mes premiers vrais mille francs à passer de fausses pièces de cent sous. Une autre non moins glabre, mais avec tache de vin, trouvée place de l'Opéra, donna l'essor à mon talent en me confiant la direction d'une équipe de vendeurs de piles électriques truquées. J'avais compris. Et depuis, il m'a suffi de me livrer à chacun de ces masques sans vie, même secoué de tics, même agrémenté de variole, quand j'avais le bonheur de les apercevoir, pour devenir ce que vous me voyez, président de onze compagnies, membre de cinquante-deux conseils d'administration, titulaire d'autant de comptes en banque, et désigné comme directeur de la Société mondiale dont vous venez d'accepter un fauteuil.

Le chiffonnier s'est approché et baissé.

LE PRÉSIDENT

Que cherchez-vous là ?

LE CHIFFONNIER

Ce que vous laissez tomber.

LE PRÉSIDENT

Je ne laisse jamais rien tomber.

LE CHIFFONNIER

Ce billet de cent francs ne vous appartient pas ?

LE PRÉSIDENT

Donnez-moi ce billet, et filez !

> Le chiffonnier donne, et file.

LE BARON

Vous êtes bien sûr que ce billet était à vous ?

LE PRÉSIDENT

Plus qu'à lui en tout cas. Les billets de cent francs sont aux riches, et non aux pauvres. Garçon, veillez à notre paix. C'est une foire, ici !

LE BARON

Et serait-ce une indiscrétion, Président, que demander l'objet de notre société ?

LE PRÉSIDENT

Ce n'est pas une indiscrétion; ce n'est pas non plus un usage. Vous êtes le premier membre de conseil d'administration qui ait jamais montré cette curiosité.

LE BARON

Pardonnez-moi. Je ne l'aurai plus.

LE PRÉSIDENT

Je vous pardonne d'autant plus volontiers que j'ignore encore cet objet moi-même.

LE BARON

Vous avez les capitaux ?

LE PRÉSIDENT

J'ai un démarcheur coulissier. Nous l'attendons.

LE BARON

Vous disposez d'un produit, d'un gisement ?

LE PRÉSIDENT

Cher Baron, apprenez qu'à sa naissance une société n'a pas besoin d'un objet, mais d'un titre. Nous autres, gentilshommes d'affaires, n'avons jamais infligé à nos souscripteurs cet affront de penser qu'en souscrivant ils entendaient réaliser une opération mercantile et non s'accorder un champ d'imagination. C'est leur imagination seule que nous avons l'ambition de servir, et nous ne commettons pas l'erreur des romanciers, qui se croient tenus, quand ils ont leur titre, d'écrire en supplément le roman lui-même.

LE BARON

Et quel est le titre d'aujourd'hui ?

LE PRÉSIDENT

Je l'ignore encore. Si vous me voyez nerveux, c'est que mon inspiration aujourd'hui est en retard... Tenez ! Regardez ! En voici une. Jamais je n'en ai vu de plus prometteuse !

LE BARON

Une femme ? Où voyez-vous des femmes ?

LE PRÉSIDENT

Une face. Une de ces faces dont je parlais. Cet homme assis à notre gauche, qui boit de l'eau.

LE BARON

Prometteuse ! On dirait une borne !

LE PRÉSIDENT

Vous l'avez dit. Une des bornes de la ruse humaine, de l'avidité, de l'obstination humaine. Elles sont plantées le long de toutes les routes du jeu, de l'acier, de la luxure, du phosphate. Elles jalonnent la réussite, le crime, le bagne et le pouvoir. Voyez... Il nous a déjà aperçus. Et compris. Il va venir.

LE BARON

Vous n'allez pas lui dire nos secrets ?

LE PRÉSIDENT

Cher Baron, je n'ai jamais accordé une confidence à ma femme, à ma fille. Mes amis les plus intimes, mes secrétaires, ont toujours tout ignoré de mes secrets. Et des plus anodins. Ma première dactylo ignore mon vrai domicile. Mais mon principe est de tout dire à ces inconnus que m'offre le hasard, quand ils me donnent cette sécurité de leur tête sans vie. Aucun ne m'a jamais trahi. Ces lèvres torves, ces yeux fuyants, sont dans notre cercle de travail les garants de la loyauté, de notre loyauté. Lui aussi d'ailleurs m'a reconnu. Lui non plus n'hésitera pas à me tout révéler. Les signes auxquels se retrouvent les adeptes des sociétés et des mœurs spéciales sont puérils à côté de ce qui nous révèle les uns aux autres, nous, hommes de fortune. Une matité et un reflet de mort sur le visage. Il l'a vu sur le mien. Il sera là dans un instant...

Un sourd-muet fait sa ronde, posant une enveloppe sur chaque table.

LE PRÉSIDENT

Mais vont-ils nous laisser ! C'est une conjuration !... Reprenez vos enveloppes, et vite !

Le sourd-muet fait signe qu'il n'entend pas.

LE PRÉSIDENT

Garçon ! Ne touchez pas ces enveloppes, Baron. Ce sourd-muet est de la police, qui prend de cette façon les empreintes.

LE BARON

Elle y réussit ! Que de marques !

LE PRÉSIDENT

Pauvre police ! Toujours naïve. Elle n'obtient ainsi que les empreintes inutiles, celles des consommateurs généreux et honnêtes... Sourd-muet, voulez-vous partir, ou aller en prison ?

> Le sourd-muet a une mimique extraordinaire.

LE PRÉSIDENT

Garçon, qu'est-ce qu'il raconte ?

LE GARÇON

Il n'y a qu'Irma pour le comprendre, Monsieur.

LE PRÉSIDENT

Quelle Irma ?

LE GARÇON

Irma la plongeuse, Monsieur... Que voilà.

> Irma apparaît. Un ange.

LE PRÉSIDENT

Débarrassez-nous de cet homme, plongeuse, ou j'appelle le sergent de ville...

> Mimique.

Que diable raconte-t-il ?

IRMA, lisant la mimique.

Il dit que la vie est belle.

LE PRÉSIDENT

Il n'est pas de ceux qui ont à avoir une opinion sur la vie.

ACTE PREMIER

IRMA
Et votre âme laide...

LE PRÉSIDENT
Mon âme ou ma femme ?

IRMA
Les deux. Les trois. Vous avez deux femmes.

LE PRÉSIDENT
Appelez le gérant !

> Le sourd-muet et Irma disparaissent.

LE PRÉSIDENT
Quoi encore ?

> Un marchand de lacets s'est approché.

LE MARCHAND DE LACETS
Des lacets ?

LE PRÉSIDENT
Sergent de ville !...

LE BARON
Justement j'ai besoin d'un lacet !

LE PRÉSIDENT
N'achetez rien à cet homme !

LE MARCHAND
Un rouge ? Un noir ? Les vôtres sont usés. On ne voit pas la couleur.

LE BARON
Des circonstances heureuses me permettent d'acheter la paire complète.

LE PRÉSIDENT

Baron, je n'ai pas d'ordre à vous donner. Je n'ai d'autorité que pour fixer, ce sera dans notre première séance, le montant de vos jetons et l'attribution éventuelle d'une voiture automobile. Mais les circonstances m'obligent, moi, à exprimer modestement le vœu que vous n'achetiez rien à cet homme.

LE BARON

Je n'ai jamais résisté à demande aussi gracieuse.

Le marchand s'en va.

LE BARON

Mais à qui le pauvre diable refilera-t-il sa marchandise !

LE PRÉSIDENT

Il n'a que faire de votre aide. Une accointance intolérable permet à cette écume de s'en tirer sans nous. Les vendeurs de lacets ont pour clientèle les va-nu-pieds, le vendeur de cravates les clochards en maillot, le camelot des canards mécaniques les forts de la Halle. De là cette nargue dans leur voix, cette insolence dans leur œil. De là cette ignominieuse indépendance. Ne la favorisez pas. Ah ! Voici notre démarcheur ! Bravo ! Son visage rayonne.

Arrivée du coulissier.

LE COULISSIER

A juste titre, Président. Nous avons la victoire. Ecoutez ! Nous pouvons partir.

Un jongleur s'est approché, il jongle avec des quilles colorées.

LE PRÉSIDENT

Nous grillons de vous entendre !

ACTE PREMIER

LE COULISSIER

Primo l'émission. Le titre était émis au pair, cent égal cent. Je fixe l'action d'actionnaire à cent dix, taux de l'action d'obligationnaire, ce qui me donne le droit de la revendre à cent douze, de sorte que sa quotation s'établit après flottement provoqué à 91 1/5... Légère rumeur de guerre lancée par mes agents. D'où émotion dans la clientèle. D'où rachat par nous.

Le jongleur jongle avec des quilles de feu.

LE PRÉSIDENT

Opération classique, mais excellente.

LE BARON

Puis-je demander...

LE PRÉSIDENT

Non, toute explication vous embrouillerait.

LE COULISSIER

Pour l'obligation, — tenez-vous bien —, méthode inverse. J'assure la hausse normale par la baisse temporaire. Je rends négociable au porteur le titre nominatif incessible par la prolongation du délai imprescriptible et l'annonce de la répartition fictive du dividende réel. D'où panique chez les souscripteurs. Deux suicides, dont l'un de général. D'où rachat massif par notre société... Légère rumeur de paix... D'où rachat enthousiaste par ceux des souscripteurs que ma première opération n'a pas complètement ruinés.

Le jongleur jongle avec des anneaux de diamant.
Un petit rentier s'est approché et écoute avec admiration.

LE PRÉSIDENT

Merveilleux ! Combien de parts réservées dans l'aubaine à chaque membre du conseil ?

LE COULISSIER

Cinquante, comme convenu.

LE PRÉSIDENT

Cela ne vous semble pas insuffisant ?

LE COULISSIER

Bon, trois mille.

LE PRÉSIDENT

Vous comprenez, Baron ?

LE BARON

Je commence à comprendre.

LE PRÉSIDENT

Mais le placement, coulissier ?

LE COULISSIER

Le placement ? J'en arrive à mon triomphe. Par l'inspecteur des finances titulaire, chargé de la direction des grands travaux, je souscris pour investissement et reporte sur la caisse des colzas l'assurance ouvrière prévue pour les barrages du Massif Central. Le complément, réservé à la petite épargne, est versé intégralement à la Société Générale et au Crédit Lyonnais, qui nous ristournent au dixième le centième autorisé. Reste la réserve immobile, qu'il nous serait permis de classer sous la rubrique Fonds courants, mais que grèverait ainsi l'impôt sur le capital revenu...

LE PRÉSIDENT

Evidemment. C'est là l'écueil.

LE COULISSIER

Ecueil franchi d'un bond. Par l'inspecteur des finances en mission permanente auprès du comité pro-

visoire des Textiles, je convertis en lignite la réserve
admise pour le coton, comme le prévoit, pour les ma-
tières brutes, le paragraphe onze des tissus ouvragés !...

LE PRÉSIDENT

Dieu ! Quelle inspiration !

LE COULISSIER

D'où attaque d'apoplexie de notre ennemi de la rue
Feydeau en pleine Bourse. D'où au marché tenue ex-
pectante. D'où rachat global par l'Union ! D'où ruée
des souscripteurs provinciaux, alertés par l'agence.
Nous en sommes là, cher Président. Notre journée se
clôt par l'absorption totale des titres... On se bat aux
portes de nos bureaux de la rue de Valmy et de l'avenue de Verdun !

LE PRÉSIDENT

Les beaux noms !

LE RENTIER

Un reçu, Monsieur, s'il vous plaît !

Se précipitant.

LE COULISSIER

Qu'ai-je reçu ?

LE RENTIER

Mes économies, Monsieur. Les voilà ! Toute ma
fortune. Je vous ai entendu. Je vous ai compris ! Je
me confie à vous corps et âme !

LE COULISSIER

Si vous avez compris, vous avez compris que chez
nous c'est le souscripteur qui donne le reçu.

LE RENTIER

Naturellement ! Où avais-je la tête ! Le voici. Ma reconnaissance éternelle, Monsieur !

Il s'en va.
Le jongleur termine par des jongleries dans le ciel. Les anneaux ne redescendent pas, mais le chanteur est revenu.

LE CHANTEUR, chantant.

Entends-tu le signal
De l'orchestre infernal !

LE PRÉSIDENT

Va-t-il se taire ! Et qu'a-t-il à répéter toujours ces deux vers, comme un perroquet.

LE GARÇON

Il ne connaît que ces deux vers. Impossible de trouver la *Belle Polonaise* chez les marchands de chansons. Il espère qu'un auditeur lui apprendra un jour la suite !

LE PRÉSIDENT

Ce ne sera pas moi ! Qu'il aille au diable !

UN HURLUBERLU, qui passe une canne à la main, et s'arrête familièrement près d'eux.

Ni moi, mon cher Monsieur. D'autant que je suis dans le même cas que lui, pour la seule chanson que j'aie chantée enfant... Une mazurka aussi, d'ailleurs, si cela vous intéresse.

LE PRÉSIDENT

Cela ne m'intéresse pas.

L'HURLUBERLU

Pourquoi l'on oublie si facilement les paroles des

mazurkas, cher Monsieur ? Sans doute fondent-elles dans ce rythme endiablé ! De la mienne il me reste juste les deux premiers vers.

Il chante.

De l'Espagne à l'Angleterre
J'ai goûté, tour à tour...

LE PRÉSIDENT
Ce café est vraiment la foire aux miracles !

LE CHANTEUR, qui reprend et s'approche.
Le vin blond, la douce bière !
Et l'ivresse, et l'amour !

L'HURLUBERLU
Quelle chance ! Grâce à ce chanteur, les paroles me reviennent ! Le voilà, le miracle !

Il chante.

J'ai vu des beautés divines
Au pays du soleil...

LE PRÉSIDENT
Je vous en prie !

LE CHANTEUR
Me verser de leurs mains fines
Un nectar, sans pareil !

LE PRÉSIDENT
Allez-vous déguerpir !

CHANTEUR ET HURLUBERLU, en duo.
Mais pour jamais j'ai gardé souvenance...

LE PRÉSIDENT
Silence !

> Chanteur et hurluberlu s'en vont. Le personnage
> glabre s'est levé de sa chaise, vient vers le
> groupe, et s'assied dans un silence angoissant.
> Il se décide enfin à parler.

L'INCONNU

Alors ?

LE PRÉSIDENT

Besoin d'une idée.

L'INCONNU

Besoin de fonds.

LE PRÉSIDENT

Pour une société. Urgent.

L'INCONNU

Pour une garce. Avant midi.

LE PRÉSIDENT

Il s'agit d'un titre.

L'INCONNU

Il s'agit de cinq cent mille.

LE PRÉSIDENT

Un titre clair, sans équivoque.

L'INCONNU

Pas de chèque.

LE PRÉSIDENT

Entendu.

L'INCONNU

Parfait. Voici votre titre... Union bancaire du sous-sol parisien...

ACTE PREMIER

Il s'installe, comme les autres l'ont fait pour raconter leur vie.

LE PRÉSIDENT

Excellent. Payez. démarcheur.

Le démarcheur paie.

Maintenant, expliquez.

L'INCONNU

Je m'appelle Roger van Hutten. Ce n'est pas mon nom. Je n'en ai pas. Je suis le fils d'un bandagiste d'Arras qui n'a pas voulu me reconnaître. De là ma carrière. Résolu à ne jamais montrer mon acte de naissance, je me suis écarté de la vie où l'on se présente à des examens, où l'on se marie, où l'on est soldat, où l'on hérite, bref où l'on vous réclame une carte d'identité, et suis entré dans celle où l'on s'en passe. Je m'y suis lié avec tous les objets qui n'en disposent pas non plus. allumettes belges, dentelles, et cocaïne. Livres spéciaux aussi. Dans toute vie d'aventurier, il est une période où il se fait entretenir par la lubricité humaine. L'obligation où je fus de pousser un douanier au-delà d'une frontière qu'on ne repasse pas me fournit l'occasion d'embarquer comme soutier pour un rivage qui se trouva être celui de la Malaisie. J'y pus me débarbouiller, et organiser la contrebande de corne de rhinocéros, base de toute médication chinoise, en armant les indigènes, pour cette chasse punie de mort, de tromblons si chargés en poudre que je devais les ligoter sur l'arbre où ils faisaient leur guet. Je les y laissais d'ailleurs, et emportais le monstre. Menacé par la police d'une identité gravée au fer sur ma propre peau, je gagnai Sumatra, où ma connaissance des échecs, jeu national de l'île, me valut d'un chef sa sympathie et sa fille qui me donna un fils. Je n'ai pas eu à le reconnaître. Là-bas, c'est le fils qui reconnaît son

27

père, s'il le juge digne, à sa majorité. C'est en abusant de la confiance de mon épouse que je pus repérer un suintement pétrolifère, réputé sacré et défendu contre toute curiosité blanche, et le signaler au Lloyd, qui m'admit dans le personnel hautement considéré de ses prospecteurs. Ma femme passa pour le traître et périt empalée.

LE PRÉSIDENT

Prospecteur ! Vous êtes prospecteur !

LE PROSPECTEUR

Pour vous servir. Car ce seul mot de prospection, j'imagine, indique mon idée ?

LE COULISSIER

Elle est merveilleuse !

LE BARON

La prospection ? Je comprends mal.

LE PRÉSIDENT

La prospection ! Mais, Baron, c'est la reine actuelle du monde ! C'est elle qui repère dans les entrailles de la terre cette encaisse de liquide ou de métal sur laquelle se fonde au plus fort le seul groupement humain que tolère notre époque, lasse des formes nationales ou patriarcales, la société anonyme. Monsieur le Prospecteur nous comble ! Il nous propose d'asseoir la nôtre sur un champ de prospection.

LE PROSPECTEUR

Exactement.

LE PRÉSIDENT

A Sumatra, sans doute ?

ACTE PREMIER

LE PROSPECTEUR

Beaucoup plus près.

LE COULISSIER

Au Maroc ? Il est à la mode.

LE PROSPECTEUR

Plus près encore... Mon titre vous le dit... A Paris...

LE PRÉSIDENT

A Paris ? Vous situez des gisements au-dessous de Paris ?

LE COULISSIER

De l'or ?

LE BARON

Du pétrole ?

LE PROSPECTEUR

Que recherchez-vous, Messieurs, une nappe, un filon, ou un titre ?

LE COULISSIER

Un titre pour nos actionnaires. Un filon pour nous.

LE PRÉSIDENT

Vous n'avez pas parlé au hasard, Prospecteur ! Le sous-sol parisien recèle des milliards ?

LE PROSPECTEUR

J'en ai la conviction. Bien que personne n'en sache rien encore. Paris est le lieu le moins prospecté du monde !

LE BARON

Inconcevable ! Et pourquoi ?

LE PROSPECTEUR

Mon cher Baron, les démons ou les génies qui veillent sur les trésors souterrains s'y emploient avec acharnement. Peut-être ont-ils raison. Quand nous aurons vidé notre planète de ses équilibres et de ses dosages internes, elle risque de prendre un jour le parcours non aimanté dans les chemins du ciel... Tant pis pour nous. Puisque l'homme a choisi d'être, non pas l'habitant, mais le jockey de son globe, il n'a qu'à courir les risques de la course. Mais la tâche du prospecteur est rude.

LE PRÉSIDENT

Je sais : la punaise bleue à Tabriz, l'écorchement aux Célèbes !

LE PROSPECTEUR

Si vous voulez. La foi et les martyrs sont passés en ce siècle aux carburants. Mais la pire arme de nos ennemis est encore le chantage. Ils disposent à la surface de la terre, sous forme de sites ou de villes, des beautés que le respect humain empêche de livrer à notre exploitation, ou à notre saccage, si vous voulez, car là où nous passons ni le gazon ni le monument ne repoussent. Ils convainquent les esprits rétrogrades que ces médiocres réactions que sont le souvenir, l'histoire, l'intimité humaine, doivent prendre le pas sur celles des métaux et des liquides infernaux... Ils font jouer ici même des enfants sur les places les mieux désignées pour la fouille ! L'or du Rhin est moins bien gardé par ses gnomes que l'or de Paris par ses gardiens de square.

LE PRÉSIDENT

Indiquez-nous ce point de fouille, Prospecteur. Je connais une aide qui nous fournira le visa, fût-ce au centre des Tuileries.

ACTE PREMIER

LE PROSPECTEUR

Comment vous l'indiquer à vue de nez, dans cette ville dont ils font un dépotoir du passé ! Ils laissent s'accumuler, à tous ses points sensibles, pour dépister nos limiers en chasse, autour des carrefours, au coude des collines, aux terrasses des cafés et des jardins, au flanc des cimetières les nappes spirituelles qu'ont dégagées depuis des siècles les âmes illustres en combat et en amour. J'avoue que je m'y perds. Partout, dans ces quartiers où je discerne l'effluve du bitume, du fer, du platine, un effluve plus fort monte des générations mortes, des passionnés vivants, et dissipe l'autre ou la brouille. Partout l'aventure humaine s'amuse à m'y égarer aux dépens de l'aventure minérale... Ici même...

LE BARON

Ici même ? Dans Chaillot ?

LE PROSPECTEUR

Vous fréquentez les cafés de Chaillot, Baron ?

LE BARON

Depuis trente ans. Non sans assiduité.

LE PROSPECTEUR

Vous y avez goûté l'eau ?

LE BARON

J'ai remis cette expérience.

LE PROSPECTEUR

Le prospecteur est le dégustateur de l'eau. L'eau reste la grande dénonciatrice des secrets de la terre, et la plus belle source n'est qu'une trahison de ses entrailles. Or hier, à cette table même, j'ai frémi d'espoir à la première gorgée de l'eau de ma carafe. J'ai bu un second verre, un troisième, un cinquième. Je ne me

31

trompais pas ! Mes papilles se dilataient sous le goût
qui est la suprême caresse du prospecteur, le goût du
pétrole.

LE COULISSIER
Du pétrole dans Chaillot !

LE PRÉSIDENT
Seigneur ! Une carafe et trois verres, garçon, et vite !
Ce sera ma tournée, Baron. Nous allons boire à l'Union
bancaire !

LE BARON
Enchanté...

LE PROSPECTEUR
Ne remerciez pas. Vous boirez une eau insipide. Ce
goût s'est évanoui, même pour moi. Les démons nos
ennemis m'ont prévenu. Ils ont disposé autour de ce
café une atmosphère, une animation qui ont distrait
mes sens. Ne pensez pas que cette lourdeur de l'air,
hier au soir, cette beauté des filles, n'aient pas eu de
raison. Ni ce matin la ronde de tous ces bateleurs devant nos tables. Elle était de nous alanguir, de nous
énerver, de nous pousser au champagne, bref de re-
donner son goût à l'eau pure. Je viens de tenter à nouveau l'expérience. Vainement. Je n'ai pu empêcher le
garçon de me conter qu'à cette même place Molière,
Racine, et La Fontaine venaient jadis assidûment boire
leur vin d'Auteuil. Il était de mèche avec eux. Ils ont
changé mon eau en piquette !

LE PRÉSIDENT
Mais vous avez un plan ! Un homme tel que vous a
un plan !

LE PROSPECTEUR
Sans aucun doute.

ACTE PREMIER

LE PRÉSIDENT

Pouvons-nous le savoir ?

LE PROSPECTEUR

Que chacun de vous, par une confidence, m'assure d'abord de son secret.

LE PRÉSIDENT

C'est trop juste...

LE PROSPECTEUR

Avec les noms et les dates

LE PRÉSIDENT

Il va de soi. Et je commence : le cargo mixte *Sainte-Barbe*, déclaré perdu corps et biens le 24 décembre 1930, avait été équipé spécialement par moi pour ce naufrage et assuré au triple de sa valeur à mon seul compte. C'était bien le jour de Noël, j'ai appris la nouvelle à la messe de minuit... A vous, Baron !

LE BARON

La jeune fille nommée Chantal de Lugre, qui se tira le jeudi 3 mai 1927 un coup de revolver dans le front, n'avait pu me racheter à leur prix des lettres curieuses. C'était bien un jeudi, son jeune frère n'était pas en classe, et jouait près d'elle. J'ajoute qu'elle vit. Elle n'est même qu'aveugle... A vous, Coulissier !

LE COULISSIER

J'ai été trésorier et dépositaire, du 16 avril 1932 après midi au 17 avril au matin des secours en nature, bons, et espèces aux sinistrés des inondations du Midi...

LE PROSPECTEUR

Parfait... Cela suffit.

LE COULISSIER

C'était bien du 16 au 17. Le 17 avril est la fête de ma mère chérie.

LE PROSPECTEUR

Voici mon plan... Mon Dieu, quelle est cette figure !

> **La Folle de Chaillot apparaît. En grande dame. Jupe de soie faisant la traîne, mais relevée par une pince à linge de métal. Souliers Louis XIII. Chapeau Marie-Antoinette. Un face-à-main pendu par une chaîne. Un camée. Un cabas. Elle contourne la terrasse, s'arrête à la hauteur du groupe, et sort de sa gorge un timbre de salle à manger sur lequel elle appuie. Irma paraît.**

LA FOLLE

Mes os sont prêts, Irma ?

IRMA

Il y en aura peu, Comtesse. Mais c'est du poulet de grain. Repassez dans dix minutes !

LA FOLLE

Et mon gésier ?

IRMA

Je tâcherai de le sauver. Le client mange tout aujourd'hui.

LA FOLLE

S'il mange mon gésier, garde mon intestin. Le matou du quai de Tokio le préfère à ta rate.

> **Elle réfléchit, fait un pas en avant, s'arrête devant la table du président.**

LE PRÉSIDENT

Garçon, faites circuler cette femme !

34

ACTE PREMIER

LE GARÇON
Je m'en garderai, Monsieur. Elle est ici chez elle.

LE PRÉSIDENT
C'est la gérante du café ?

LE GARÇON
C'est la Folle de Chaillot, Monsieur.

LE PRÉSIDENT
Une folle ?

LE GARÇON
Pourquoi une folle ? Pourquoi serait-elle folle ?

LE PRÉSIDENT
C'est vous qui le dites, idiot !

LE GARÇON
Moi ? Je dis comme on l'appelle. Pourquoi folle ? Je ne vous permets pas de l'insulter. C'est la Folle de Chaillot.

LE PRÉSIDENT
Appelez le sergent de ville !

> La Folle de Chaillot a sifflé entre ses doigts. Le petit chasseur paraît avec trois écharpes sur le bras.

LA FOLLE
Alors, tu l'as retrouvé, mon boa ?

LE CHASSEUR
Pas encore, Comtesse. J'ai retrouvé ces trois écharpes, pas le boa.

LA FOLLE
Depuis cinq ans que je l'ai perdu, tu aurais pu le retrouver !

35

LE CHASSEUR

Prenez une de ces écharpes. Personne ne les réclame.

LA FOLLE

Cela se voit, un boa en plumes mordorées, de trois mètres de long !

LE CHASSEUR

La bleue est très gentille.

LA FOLLE

Avec le col de corsage rosé et le voile vert du chapeau ? Tu veux rire. Donne-moi la jaune. Elle va ?

LE CHASSEUR

Prodigieusement.

> D'un mouvement coquet la Folle lance l'écharpe en arrière, renverse le verre du président sur son pantalon et s'en va.

LE PRÉSIDENT

Garçon ! Le sergent de ville ! Je porte plainte !

LE GARÇON

Contre qui ?

LE PRÉSIDENT

Contre elle ! Contre vous ! Contre eux tous ! Contre ce chanteur à voix, ce trafiquant en lacets, cette folle...

LE BARON

Calmez-vous, Président !

LE PRÉSIDENT

Jamais. Voilà nos vrais ennemis, Baron ! Ceux dont nous devons vider Paris, toute affaire cessante ! Ces fantoches tous dissemblables, de couleur, de taille, d'al-

36

lure ! Quelle est la seule sauvegarde, la seule condition d'un monde vraiment moderne : c'est un type unique du travailleur, le même visage, les mêmes vêtements, les mêmes gestes et paroles pour chaque travailleur. Ainsi seulement le dirigeant en arrive à croire qu'un seul humain sue et travaille. Quelle facilité pour sa vue, quel repos pour sa conscience ! Et voyez ! Voyez, du quartier même qui est notre citadelle, qui compte dans Paris le plus grand nombre d'administrateurs et de milliardaires, surgir et s'ébrouer, à notre barbe, ces revenants de la batellerie, de la jonglerie, de la grivèlerie. ces spectres en chair et en os de la liberté de ceux qui ne savent pas les chansons : les chanter, des orateurs à être sourds-muets, des pantalons à être percés aux fesses, des fleurs à être fleurs, des timbres de salle à manger à surgir des poitrines ! Notre pouvoir expire là où subsiste la pauvreté joyeuse, la domesticité méprisante et frondeuse, la folie respectée et adulée. Car voyez cette folle ! Le garçon l'installe avec des grâces de pied, et sans qu'elle ait à consommer, au meilleur point de la terrasse. Et la fleuriste lui offre gratis un iris géant qu'elle passe aux trous de son corsage... Et Irma galope !... Je pense au scandale que je provoquerais, tout président que je puisse être, si moi j'enfilais dans ma boutonnière un glaïeul et m'avisais de crier à pleine voix sur cette place respectable et devant ce symbole officiel de l'amitié franco-belge : Mes os et mon gésier, Irma !

> Il a crié. Des autres tables on le regarde avec réprobation.

LE COULISSIER

Calmez-vous, Président, et faites-moi confiance. J'élimine cette vermine en deux jours.

LE PROSPECTEUR

Voici mon plan.

LE PRÉSIDENT

Parlez bas. Elle nous regarde...

LE PROSPECTEUR

Vous savez ce qu'est une bombe, Président ?

LE PRÉSIDENT

On m'a dit que cela explose.

LE PROSPECTEUR

Vous savez qui habite ce pavillon, au coin du quai ?

LE PRÉSIDENT

Je n'ai pas cet avantage.

LE PROSPECTEUR

Mon adversaire. Mon seul adversaire. L'ingénieur qui depuis vingt ans refuse tout permis de prospection pour Paris et sa banlieue. Le seul personnage que j'aie trouvé en ce bas monde insensible à nos arguments.

LE PRÉSIDENT

Nous sommes tout oreilles ! Seigneur, que veut encore celui-là !

Un petit vieux se faufile entre les tables, pommadé, ganté, pochette au vent.

LE PETIT VIEUX

Votre santé seulement, Monsieur, ou plutôt la santé de vos pieds. Mais quand le pied va, tout va. Officier de santé Jadin, retraité de la marine. Spécialiste au Gabon de l'arrachage des tiques. Aujourd'hui de l'ablation des cors et durillons. Martial en cas d'urgence vous donnera mon adresse. Pour opération immédiate, je suis là, à cette table. J'y suis toute la journée. Et cette vésicule, Martial, elle va ?

MARTIAL

Toujours pleine de cailloux, Docteur. On les entend sonner.

LE PETIT VIEUX

Crepitus crotalis. Le bruit du crotale. C'est bien le diagnostic

MARTIAL

Un Pernod ?

LE PETIT VIEUX

Mon Pernod. Mes Pernod.

> Il aperçoit la Comtesse. Il lui crie.

Salut, Comtesse ! Et ce rein gauche, un peu moins flottant ?

> Signe négatif de la Comtesse.

Fluctuat nec mergitur. N'ayez aucune crainte.

LE PRÉSIDENT

C'est à devenir fou ! Allons ailleurs !

LE PROSPECTEUR

Non. C'est d'ici que nous allons avoir notre spectacle. Il va être midi, n'est-ce pas ?

LE PRÉSIDENT

Dans cinq minutes.

LE PROSPECTEUR

Dans cinq minutes, le pavillon de notre ennemi l'ingénieur va sauter. Un jeune garçon, qui n'a rien à me refuser, y dépose une légère charge de dynamite.

LE BARON

Ciel ! Je vois que vous aimez les solutions modernes, dans la prospection !

LE PRÉSIDENT

Erreur. Celle-là est chez nous courante, mais légendaire. Pour ravir un trésor, il a toujours fallu tuer le dragon qui le garde.

LE PROSPECTEUR

Dans notre ordre d'affaires, Baron, nous rendons aux gens honnêtes l'hommage qui leur revient, en faisant de l'honnêteté un péril de vie aussi grand que le crime. C'est aussi un axiome de la prospection qu'auprès du pétrole un cadavre n'a jamais senti.

LE BARON

L'explosion de là-bas ne peut nous atteindre ?

LE PROSPECTEUR

N'ayez aucune crainte. Mais retournez-vous ! On nous surveille. Et feignons d'être plongés dans nos débats. Nous vous écoutons, monsieur de Démarcheur. Vous ne pouvez d'ailleurs être en reste avec nous...

LE COULISSIER

Je m'appelle Georges Chopin. Aucune parenté avec le musicien. Mais je lui dois mon surnom. Sans lui, il ne m'aurait pas été donné d'entendre toute ma vie sur mon passage des phrases de ce genre : le pianiste nous a vendus, ou bien : le pianiste en a pour deux ans, ou bien : tirez sur le pianiste. Fils d'une mère pauvre mais malhonnête qui assurait rue Tiquetonne le rachat des bons du Mont de Piété, j'ai voué ma vie à cette femme. C'est pour lui offrir un corset sur mesure, car elle est obèse et déviée, que j'ai à quinze ans négligé de porter au commissaire un portefeuille trouvé à terre.

C'est pour lui offrir une tabatière en or, car elle chique, que j'ai posé à dix-huit ans pour le cinéma spécial. C'est pour l'installer à Colombes, à cause de son asthme, que j'ai pendant sept ans, pour le compte d'un huissier de Charonne, assuré l'expulsion de locataires insolvables. Opération au début délicate, avec les femmes qui pleurent, les enfants qui crient, les fillettes qui veulent garder un meuble et s'y cramponnent. L'idée de ma mère me soutenait. J'y devins un maître dans l'art d'ouvrir de petits bras. Ma réputation bientôt fut telle qu'un courtier en grains me manda à Buenos Aires pour expulser trois cents familles italiennes d'un bloc qu'aucune police n'avait pu libérer. Le 17 avril approchait et ma mère désirait une émeraude, une émeraude d'homme, car ses doigts plutôt boudinent. En huit jours, le bloc était vide de ses habitants, mais avec tous ses meubles, trois cents poupées y comprises. J'avais entre-temps dans la ville, à propos d'une famine en Orient, reçu quelques notions du courtage et du séquestrage des blés et assuré ma vocation définitive. Ma mère vit encore; l'abus des graisses et de la Bénédictine lui enlève quelque peu de conscience, mais tous les 17 avril elle me reconnaît et me tend pour un nouveau cadeau sa main surchargée de bracelets et de bagues que j'espère n'avoir à lui arracher, mère chérie, que dans un jour encore lointain... J'ai fini... Vous voyez que ce sera pour moi jeu d'enfant de débarrasser Chaillot de cette horde.

LE PROSPECTEUR

Parfait. Midi sonne... Mon Dieu, qu'arrive-t-il !

> Le sauveteur du pont de l'Alma entre portant un
> corps.

LE PROSPECTEUR

C'est Pierre ! Que s'est-il passé !... Vous, qu'apportez-vous là ?

LE SAUVETEUR

Un noyé. Mon premier noyé. Je suis le nouveau sauveteur du pont de l'Alma !

MARTIAL

Il a plutôt l'air d'un assommé. Ses vêtements sont secs.

LE SAUVETEUR

Assommé aussi est exact. Il enjambait le parapet. Je l'ai assommé pour qu'il ne se débatte pas. Nos prescriptions sont formelles. Assommer le noyé pour qu'il ne nous entraîne pas dans l'eau.

MARTIAL

Mais puisqu'il était sur la terre ferme...

LE SAUVETEUR

C'est mon premier sauvé, Monsieur. J'ai pris mon service ce matin...

LE PROSPECTEUR

Le jeune idiot va nous dénoncer ! Où diable a-t-il mis la poudre !...

LE PRÉSIDENT

Il faut à tout prix éviter un scandale, ou c'est notre Union qui saute.

> Le sauveteur souffle dans la gorge du jeune homme, et opère des tractions rythmiques.

LE PROSPECTEUR, qui s'approche.

Que faites-vous là ?

LE SAUVETEUR

Je manœuvre son thorax. J'insuffle mon air dans son pharynx. Secours aux noyés...

LE PROSPECTEUR

Puisqu'il n'est pas noyé.

LE SAUVETEUR

Il se croit noyé.

LE PROSPECTEUR

Il se croit noyé. Mais c'est un noyé de terre. Vos recettes pour noyé d'eau n'y peuvent rien...

LE BARON

Bravo, Prospecteur ! J'ai compris.

LE COULISSIER

C'est un demeuré. N'hésitons pas !

LE SAUVETEUR

Mais comment les rendre efficaces ?

LE PROSPECTEUR

Rejetez-le dans la Seine. Attendez qu'il soit vraiment noyé. Elles prendront toute leur force.

LE SAUVETEUR

En effet. C'est logique...

LE PROSPECTEUR

Rejetez-le du point exact d'où il enjambait. C'est là que le fleuve a son remous. Et ne plongez qu'une minute après ! Vous ne voulez pas, je pense, le sauver sans mérite !

LE SAUVETEUR

Au péril de ma vie ! Il est si sympathique. Mais je vous dois un aveu : je ne sais pas nager.

43

LE PRÉSIDENT

Vous apprendrez en plongeant. Saviez-vous respirer quand vous êtes venu au monde !

LE SAUVETEUR

Evidemment non ! Allons-y !...

L'OFFICIER DE SANTÉ JADIN

Pardon, Messieurs ! Pardon, si j'interviens dans l'incident ! Mais c'est mon devoir professionnel de vous signaler que la respiration intra-utérine n'est plus contestée par personne, et, que le jour de sa naissance, monsieur le Sauveteur savait déjà, non seulement aspirer et expirer, mais tousser et hoqueter.

LE PRÉSIDENT

Que veut cet imbécile ?

LE SAUVETEUR

Je risque donc de me noyer ?

L'OFFICIER DE SANTÉ JADIN

Je n'ai jamais entendu parler de natation intrautérine. Vous allez couler à pic, comme un plomb !

LE PRÉSIDENT

Qui vous demande votre avis ? Vous nous cassez la tête avec vos ragots de clinique.

LE SAUVETEUR

Pardon ! Pardon ! Messieurs ! Ces ragots m'intéressent au plus haut point. Nous autres sauveteurs avons aussi dans nos attributions les soins aux accouchées de la rue, et tout ce que le professeur pourra m'apprendre en ce domaine est pour le quartier et pour mon avenir d'importance vitale.

LE PRÉSIDENT

Ils sont insanes !

L'OFFICIER DE SANTÉ JADIN

Tout à vos ordres.

LE PRÉSIDENT

Sauveteur !

LE SAUVETEUR

Est-il vrai, monsieur le Professeur, qu'il faille distribuer la coiffe de l'enfant né coiffé à toutes les personnes qui ont vu la naissance ?

LE PRÉSIDENT

Comment les faire taire, Démarcheur ?

L'OFFICIER DE SANTÉ JADIN

Exact. Sinon la nourrice meurt dans l'année ! Toutes ces superstitions populaires se fondent sur la vérité cosmique. Pour les abeilles par exemple, rien n'est plus exact que l'essaim dépérit si l'on oublie de mettre un crêpe à la ruche dont le propriétaire est mort.

LE COULISSIER

Sauveteur, si vous ne venez à l'instant...

LE SAUVETEUR

Une minute. Je ne crois pas avoir les abeilles dans mes attributions... Mais est-il vrai que, par une anomalie étrange ce soit le jumeau venu au monde le premier qui soit le moins vieux et qui n'hérite pas ?

L'OFFICIER DE SANTÉ JADIN

Exact aussi. Si les naissances des jumeaux ont eu lieu à cheval sur la nuit de la Saint-Sylvestre, le jumeau le plus vieux a même une année de moins que son cadet. Il fait son service militaire une année plus tard. C'est pour ce contrôle que les reines doivent accoucher devant témoins. Pour en revenir aux abeilles, je vous signale que ceux qui contestent les propriétés antiarthritiques de leur aiguillon sont des misérables à la solde des entreprises de droguiste.

LE SAUVETEUR

Passionnant ! Ah ! mystères de la naissance, si proches et si éloignés à la fois des mystères du sauvetage !

L'OFFICIER DE SANTÉ JADIN

L'abeille meurt de sa piqûre. Les droguistes s'engraissent de leur drogue. Je vous laisse juger l'un et l'autre.

LE PROSPECTEUR

Nous sommes tombés chez les fous, nous n'en sortirons pas, et cette vieille nous observe étrangement. La police va s'en mêler. Voyez ! Les gens s'assemblent. Disparaissez, Président. Je reste aux aguets, et viendrai me saisir du jeune traître dès que la voie sera libre...

Ils disparaissent.

LE SAUVETEUR

Et j'en arrive à la question qui m'obsède depuis mon jeune âge, monsieur le Professeur, car, quoiqu'il en paraisse et malgré mes trente-six ans, je n'ai point encore sacrifié à Vénus ! Est-il vrai...

LE BARON

Monsieur le Sauveteur ! Monsieur le Sauveteur !

LE SAUVETEUR

Qu'y a-t-il ?

ACTE PREMIER

LE BARON

Deux dames crient au secours, sur le trottoir de l'avenue Wilson !

LE SAUVETEUR

Deux dames ! A la fois ! Debout ? Etendues ? Des bourgeoises ? Des reines ?

LE BARON

Impossible de distinguer... Vite !

LE SAUVETEUR

Venez avec moi, monsieur le Professeur, je vous en conjure ! J'arrive, Messieurs, je veux dire Mesdames, j'arrive !

> Sauveteur et officier de santé s'éloignent en cou-
> rant. Le prospecteur qui s'avançait est écarté
> par Irma qui s'est rapprochée du jeune homme
> évanoui et a pris ses mains.

IRMA

Comme il est beau ! Est-il mort, Martial ?

MARTIAL

Mettez ce miroir devant sa bouche. S'il y a de la buée, il vit.

IRMA

Il y a de la buée.

MARTIAL

C'est qu'il va revenir à lui... Mon miroir, s'il vous plaît.

IRMA

Une minute...

> Elle essuie la buée, se regarde, se fait belle. Le
> prospecteur a de nouveau tenté de s'approcher.
> L'œil de vautour de la Folle l'a fait partir.

IRMA

Oh ! il ouvre les yeux !

> Pierre a ouvert les yeux et contemple avec éton-
> nement Irma qui lui tient les mains. Il les re-
> ferme aussitôt, épuisé. La Folle s'est levée et est
> venue s'asseoir à la place d'Irma appelée à l'of-
> fice. Elle a pris, comme Irma, les mains de
> Pierre.
>
> Pierre soudain se redresse, mais au lieu de la
> jeune fille que cherche son regard, il voit la
> Folle de Chaillot décorée de son iris géant.

LA FOLLE

Vous regardez l'iris ? Il est beau, n'est-ce pas ?

PIERRE, épuisé.

Très beau.

LA FOLLE

Le sergent de ville a daigné me dire qu'il m'allait.
Mais je n'ai pas confiance en son jugement. La fleuriste m'avait donné hier un arum. Il a prétendu qu'il
m'allait mal.

PIERRE

L'iris vous va.

LA FOLLE

Je vais lui dire votre opinion. Il sera tout fier ! Sergent de ville !...

PIERRE

N'appelez pas le sergent de ville !

LA FOLLE

Si ! Si ! Je l'ai rabroué avec l'arum, je dois le ras-
surer avec l'iris.

ACTE PREMIER

PIERRE

Laissez-moi partir, Madame.

Elle le retient.

LA FOLLE

Restez étendu... Sergent de ville !

Il se débat.

PIERRE

Laissez-moi partir !

LA FOLLE

Sûrement pas. Quand on laisse partir quelqu'un, on ne le revoit jamais. J'ai laissé partir Charlotte Mazamet. Je ne l'ai jamais revue.

PIERRE

Je suis sans forces !

LA FOLLE

J'ai laissé partir Adolphe Bertaut. Je le tenais pourtant bien. Je ne l'ai jamais revu.

PIERRE

Mon Dieu !

LA FOLLE

Qu'une fois. Trente ans après. Au marché. Il avait bien changé, il ne m'a pas reconnue. Il m'a raflé sous le nez un melon, le seul mûr de l'année... Ah , le voici enfin !... Sergent de ville !

LE SERGENT DE VILLE

Je n'ai pas le temps, Comtesse !

LA FOLLE

C'est à propos de l'iris. Ce jeune homme vous donne raison. Il me va.

LE SERGENT DE VILLE

Il faut que je galope. Il y a un noyé dans la Seine.

LA FOLLE

Non. Il est sur mes genoux.

Le sergent de ville aperçoit Pierre.

LA FOLLE

Il est sur mes genoux. Vous avez tout le temps. Il n'en partira pas. Je le tiens aussi serré que j'ai mal tenu Adolphe Bertaut. Si je le lâchais, il irait se jeter dans la Seine.

PIERRE

Oh ! Sûrement !

LA FOLLE

Il est beaucoup plus joli qu'Adolphe Bertaut, n'est-ce pas, sergent de ville ?

LE SERGENT DE VILLE

Comment le saurais-je ?

LA FOLLE

Je vous ai montré son portrait, en cycliste, avec le Cronstadt.

LE SERGENT DE VILLE

Ah oui, et avec le bec-de-lièvre ?

LA FOLLE

Je vous l'ai répété cent fois. Adolphe Bertaut n'avait pas de bec-de-lièvre. C'est une tache de la photographie. Comment vous avez pu vous aboucher avec la grand-tante d'Adolphe, qui a répandu cette calomnie du bec-de-lièvre et qui est morte en 1900, voilà ce que vous aurez à m'expliquer un jour... Que faites-vous ?

ACTE PREMIER

LE SERGENT DE VILLE

Je note le nom du noyé, son prénom, et sa date de naissance.

LA FOLLE

Que voulez-vous que cela lui fasse ? Cela l'empêchera de se rejeter à l'eau, de lui dire le jour de sa naissance ?

LE SERGENT DE VILLE

C'est lui qui va me le dire.

LA FOLLE

Il aura bien tort. Je ne vous dirai pas le mien... Rentrez ce carnet, et consolez-le...

LE SERGENT DE VILLE

Que je le console ?

LA FOLLE

C'est aux agents de l'Etat de faire l'éloge de la vie à ceux qui veulent se tuer. Ce n'est pas à moi.

LE SERGENT DE VILLE

Que je lui fasse l'éloge de la vie ?

LA FOLLE

Vous guillotinez les assassins. Vous bousculez les marchandes des quatre-saisons. Vous empêchez les enfants d'écrire sur les murs. C'est que vous voulez la vie active, que vous la trouvez digne et propre... Dites-le-lui... Ce sont les fonctionnaires comme vous qui organisent la vie, c'est à eux de la défendre... Un gardien de la paix, ce n'est rien, si ce n'est pas un gardien de la vie...

LE SERGENT DE VILLE

Evidemment. Jeune noyé...

LA FOLLE

Il s'appelle Fabrice.

PIERRE

Je ne m'appelle pas du tout Fa...

LA FOLLE

Appelez-le Fabrice. Il est midi. A midi, tous les hommes s'appellent Fabrice.

LE SERGENT DE VILLE

Excepté Adolphe Bertaut.

LA FOLLE

Du temps d'Adolphe Bertaut, la mode obligeait les femmes à changer d'homme pour changer de prénom. Notre époque est moins immonde. Mais vous n'êtes pas là pour me parler d'Adolphe Bertaut... Vous êtes là pour intéresser ce jeune homme à la vie.

PIERRE

Ce sera difficile.

LE SERGENT DE VILLE

Pourquoi ? La Comtesse a raison, Monsieur. Qu'est-ce que cela signifie de se jeter dans une rivière du haut d'un pont !

LA FOLLE

Cela signifie qu'on ne peut se jeter dans une rivière d'au-dessous de son niveau. Sur ce point, Fabrice est logique.

LE SERGENT DE VILLE

Je ne vois pas comment intéresser quiconque à la vie, si vous m'interrompez sans arrêt !

LA FOLLE

Je ne vous interromps plus.

LE SERGENT DE VILLE

C'est un crime contre l'Etat, monsieur Fabrice, le suicide. Un suicidé, c'est un soldat de moins, un contribuable de moins...

LA FOLLE

Etes-vous percepteur, ou amant de la vie ?

LE SERGENT DE VILLE

Amant de la vie ?

LA FOLLE

Oui, qu'est-ce qui vous plaît, à vous, dans la vie, sergent ! Pour avoir choisi d'être son champion, et en uniforme, il faut bien que vous y ayez des joies, secrètes ou publiques... Dites-les-lui... Et n'en rougissez pas.

LE SERGENT DE VILLE

Je n'en rougis pas. J'ai des passions. J'aime le piquet. Si cela tente ce jeune homme, mon tour de garde finit, Irma peut nous arranger un piquet, dans la salle du fond. Un piquet avec vin chaud... S'il a une heure à perdre.

LA FOLLE

Il a sa vie à perdre. C'est tout ce dont dispose la police, comme voluptés ?

LE SERGENT DE VILLE

Comme voluptés ? Vous pensez que Thérèse... ?

PIERRE

Laissez-moi ! Laissez-moi !

LA FOLLE

Vous ne gagnez pas votre argent, sergent de ville. Je défie un jeune homme résolu à se tuer d'y renoncer en vous écoutant.

LE SERGENT DE VILLE

Peut-être ferez-vous mieux.

LA FOLLE

Sûrement... Ce ne peut être un vrai désespéré, un jeune homme amoureux d'une jeune fille qui lui a tenu les mains, et qui l'aime.

PIERRE

Ce n'est pas vrai ! Comment m'aimerait-elle ?

LA FOLLE

Elle vous aime. On peut s'aimer pour s'être tenu les mains. Vous avez connu la nièce du maréchal Canrobert ?

LE SERGENT DE VILLE

Comment l'aurait-il connue !

LA FOLLE

Il peut très bien l'avoir connue. Tous les gens qui vivaient autour d'elle l'ont connue. Tous ceux qui habitaient sa maison, tous ceux qui allaient à la messe avec elle, tous ses amis et ses domestiques l'ont connue. Pour ne pas la connaître, il fallait vraiment l'éviter... Non, Fabrice, restez.

PIERRE

Je veux me tuer !

LE SERGENT DE VILLE

Vous voyez. Vous ne le rattachez pas plus à la vie que je ne l'ai fait.

54

LA FOLLE

Parions. Parions un de vos boutons d'uniforme. J'en ai besoin pour ma bottine. Je devine pourquoi vous vous êtes jeté à l'eau, Fabrice.

PIERRE

Sûrement pas.

LA FOLLE

Parce que ce prospecteur vous a demandé de commettre un crime.

PIERRE

Comment le savez-vous ?

LA FOLLE

Il m'a volé mon boa et vous a demandé de me tuer.

PIERRE

Je vous assure que non.

LA FOLLE

Il n'est pas le premier, mais on ne me tue pas comme cela. Pour deux raisons. D'abord parce que ce sont ceux qui entrent chez moi qui sont tués. S'ils entrent sous la forme humaine, un trébuchet les assomme. S'ils entrent sous la forme de souris, j'ai un piège infaillible au lard... Ensuite...

UN SERGENT DE VILLE qui passe, au sergent de ville qui s'est assis et auquel le garçon a servi un bock.

Je fais ta relève. Ne te dérange pas.

LE SERGENT DE VILLE

Oui, je sauve un noyé.

LA FOLLE

Ensuite je n'ai pas envie de mourir.

PIERRE

Vous avez bien de la chance...

LA FOLLE

Tous les vivants ont de la chance, Fabrice... Evidemment, au réveil, ce n'est pas toujours gai. En choisissant dans le coffret hindou vos cheveux du jour, en prenant votre dentier dans la seule coupe qui vous soit restée du service après le déménagement de la rue de la Bienfaisance, vous pouvez évidemment vous sentir un peu dépaysée en ce bas monde, surtout si vous venez de rêver que vous étiez petite fille et que vous alliez à âne cueillir des framboises. Mais pour que vous vous sentiez appelée par la vie, il suffit que vous trouviez dans votre courrier une lettre avec le programme de la journée. Vous l'écrivez vous-même la veille, c'est le plus raisonnable. Voici mes consignes de ce matin : repriser les jupons avec du fil rouge, repasser les plumes d'autruche au petit fer, écrire la fameuse lettre en retard, la lettre à ma grand-mère... etc... etc... Puis quand vous vous êtes lavé le visage à l'eau de roses, en le séchant, non pas à cette poudre de riz qui ne nourrit pas la peau, mais avec une croûte d'amidon pur, quand vous avez pour le contrôle mis tous vos bijoux, toutes vos broches, les boutons miniatures des favorites y compris, et les boucles d'oreilles persanes avec leurs pendentifs, bref quand votre toilette du petit déjeuner est faite, et que vous vous regardez non pas dans la glace, elle est fausse, mais dans le dessous du gong en cuivre qui a appartenu à l'amiral Courbet, alors, Fabrice, vous êtes parée, vous êtes forte, vous pouvez repartir...

> Le jeune homme s'est levé sur son coude et s'est mis à écouter avidement.

PIERRE

O Madame ! O Madame !

LA FOLLE

Tout ensuite n'est plus que joie, que facilité. La lecture du journal, d'abord. Du même journal naturellement. Vous pensez bien que je ne vais pas lire ces feuilles du jour qui répandent le mensonge et le vulgaire. Je lis *Le Gaulois*. Et je ne vais pas me gâter la vie avec leurs actualités. Je lis toujours le même numéro. Celui du 7 octobre 1896. C'est de beaucoup le meilleur. L'article sur les hommes de la comtesse Diane y est au complet... Avec le post-scriptum sur la taille à la Bressant ! Et il annonce en dernière heure la mort de Léonide Leblanc. Elle habitait ma rue. Pauvre femme ! Chaque matin, j'en ai un sursaut... Mais je ne vous le prêterai pas. Il est en loques.

LE SERGENT DE VILLE

C'est dans ce numéro que M. de Barthelemy raconte son combat avec la tigresse ?

LA FOLLE

Evidemment !

LE SERGENT DE VILLE

Une tigresse et un marquis, à bras-le-corps, dans les poivriers !

LA FOLLE

Puis, vos sels Karsen une fois pris, non pas dans l'eau, c'est l'eau quoi qu'ils en disent qui donne l'aérophagie, mais dans du pain d'épices, sous le soleil et la pluie Chaillot vous appelle, et vous n'avez plus qu'à vous mettre à votre toilette de promenade. Elle est plus longue évidemment. On ne s'en tire pas en une heure sans femme de chambre avec un corset, un cache-corset, et un pantalon vareuse qui se lacent ou se boutonnent par-derrière. J'ai été chez les sœurs Callot pour qu'elles m'y adaptent des fermetures Eclair. Elles ont été polies mais elles n'ont pas voulu : cela enlevait le style.

Martial s'est approché.

MARTIAL

Je connais un petit maroquinier...

LA FOLLE

Chacun ses fournisseurs, Martial. D'ailleurs je m'en sors très bien. Je les lace par-devant et les fais glisser par-derrière. Il ne me reste plus qu'à tirer au sort entre mes face-à-main, qu'à chercher, vainement d'ailleurs, le boa que votre prospecteur m'a volé — je suis sûre que c'est lui, il n'a pas supporté mon regard —, et à attacher à l'intérieur par ses baleines l'ombrelle blanche, car elle n'a plus de déclic depuis que j'ai tapé sur ce chat qui guettait un pigeon... J'ai bien gagné ma journée, ce jour-là. La vue de la chapelle expiatoire est tombée du manche en os et s'est perdue...

Irma et la plupart des comparses sont arrivés et écoutent.

IRMA

Pourquoi ne voulez-vous pas de cet œil de chevreuil qu'un Mexicain m'a donné ? C'est juste la grandeur du trou et cela porte bonheur.

LA FOLLE

Merci, Irma. On dit que ces yeux se mettent parfois à revivre et à pleurer. J'aurais trop peur.

LE CHIFFONNIER

J'ai trouvé une petite vue de Budapest en ivoire. Si elle vous convenait, on voit Buda comme si l'on y était.

PIERRE

Continuez, continuez, Madame ! Je vous en supplie !

LA FOLLE

Ah, cela vous intéresse, la vie ?

PIERRE

Continuez ! Que c'est beau !

LA FOLLE

Vous voyez que c'est beau ! Ensuite les bagues. Ma topaze, si je vais à confesse. J'ai tort d'ailleurs. On ne peut imaginer les eclairs de la topaze dans le confessional. Vous venez encore vous confesser avec l'œil du diable, me dit l'abbé Bridet. Il rit, mais il me renvoie au bout d'une minute. Il n'a jamais voulu m'écouter jusqu'au bout. C'est peut-être parce que je commence par mes péchés d'enfant. En tout cas, je sors absoute de mon premier mensonge, de ma première gourmandise, mais tous mes autres péchés, hélas, me restent pour compte... Ce n'est vraiment pas sérieux... Qu'est-ce qu'il raconte, celui-là ?

> Le sourd-muet fait une mimique.

IRMA

Il dit qu'il connaît un curé...

LA FOLLE

Qu'il garde son curé pour lui. Je ne vais pas aller me confesser par les mains, surtout avec ma topaze.

PIERRE

Parlez, parlez, Madame. Je ne me tuerai plus ! Que faites-vous ensuite ?

LA FOLLE

Ma promenade, Fabrice. Je vais surveiller où en sont les mauvaises gens de Chaillot. Ceux qui plissent les lèvres, ceux qui donnent à la dérobée des coups de pied dans les maisons, les ennemis des arbres, les en-

59

nemis des animaux. Je les vois qui entrent, pour donner le change, à l'établissement de bains, chez l'orthopédiste, le coiffeur. Mais ils en sortent sales, boiteux, avec de fausses barbes. En fait ils hésitent sur les moyens de tuer le platane du musée Galliera ou de jeter une boule empoisonnée au chien du boucher de la rue Bizet. Je cite ces deux protégés-là, je les ai vus tout petits. Pour que ces bandits perdent tout pouvoir, il faut que je passe à leur hauteur, par la gauche. C'est dur, le crime marche vite, mais j'ai l'enjambée large. N'est-ce pas, mes amis ? Jamais le platane n'a donné plus de cosses et de duvet ! Jamais le chien du boucher de la rue Bizet ne s'est promené plus allègre !

LE SERGENT DE VILLE

Et sans collier. Je l'aurai un de ces jours...

MARTIAL

La crapule va même voler chez le boucher de la rue Hyacinthe.

IRMA

Il n'y a que le lévrier de la duchesse de la Rochefoucauld qui maigrit.

LA FOLLE

Cela, c'est autre chose. La duchesse l'a acheté à un vendeur qui ne savait pas son vrai nom. Tout chien, sans son vrai nom, maigrit...

LE CHIFFONNIER

Je peux lui envoyer un sidi. Ils savent tout sur les chiens arabes.

LA FOLLE

Envoyez-le-lui... Bonne idée. Elle reçoit le mardi de cinq à sept... Voilà ce qu'est la vie, Fabrice. Elle vous tente, maintenant !

PIERRE

Elle est merveilleuse, Madame !

LA FOLLE

Mon bouton, sergent de ville. Et je ne vous parle
que du matin. L'après-midi, le vrai jeu commence...

PIERRE

Mon Dieu, les voilà !

Tous se dispersent. Le prospecteur s'est rapproché.

LE PROSPECTEUR

Je viens vous chercher, Pierre.

PIERRE

Je suis bien ici.

LE PROSPECTEUR

Je ne vous demande pas votre avis. Venez.

PIERRE

Bon. Je viens. Voulez-vous me lâcher la main, je
vous prie ?

LA FOLLE

Non.

PIERRE

Lâchez-moi, Madame !

LA FOLLE

Non.

LE PROSPECTEUR

Vous allez me faire le plaisir de lâcher la main de
Monsieur !

61

LA FOLLE

De ma vie je ne vous ferai aucun plaisir.

LE PROSPECTEUR

On vous obligera donc à la lâcher.

> *Il veut prendre la main de la Folle. Elle lui assène*
> *un pyrogène sur la tête.*

PIERRE

Madame...

LA FOLLE

Vous, ne bougez pas ! Cet intrus veut que je lâche votre main. C'est à lui de l'obtenir. Je garde votre main parce que j'aurai besoin de votre bras tout à l'heure, pour me ramener à la maison. Je suis très peureuse...

> *Elle frappe l'homme, qui insiste, avec son timbre.*
> *Irma paraît, et prend l'autre main de Pierre.*
> *Le prospecteur redouble d'efforts. La Folle siffle.*
> *Le chasseur survient. Et le sergent de ville. Et*
> *le chiffonnier. Et le sourd-muet.*

LE PROSPECTEUR

Sergent de ville !

LE SERGENT DE VILLE

Que voulez-vous ?

LE PROSPECTEUR

Dites à cette femme de lâcher la main de ce jeune homme !

LE SERGENT DE VILLE

Puis-je savoir pourquoi ?

ACTE PREMIER

LE PROSPECTEUR

Il n'est pas de raison pour qu'elle ne lâche pas la main d'un jeune homme qu'elle ne connaît pas...

IRMA

Qu'elle ne connaît pas ! Et si c'est son fils qu'elle vient de retrouver, qu'on lui a ravi au berceau.

LE CHIFFONNIER

Son fils ou son frère. Madame n'est pas si vieille.

LA FOLLE

Merci.

LE CHIFFONNIER

Son fils ou son oncle. Je connais une famille où la nièce a trente ans et l'oncle deux.

LA FOLLE

Cela va, cela va, chiffonnier. Ce n'est pas mon grand-père.

LE PROSPECTEUR

Une dernière fois, sergent de ville : faites lâcher Madame, ou je porte plainte.

Le sourd-muet mime.

IRMA

Et le sourd-muet a raison. Si elle a lu dans la main du jeune homme qu'un danger de mort par strangulation le menaçait s'il quittait de midi à deux heures la place de l'Alma !

LE PROSPECTEUR

Je suis obligé de prendre votre numéro, sergent.

LA FOLLE

Prenez-le. C'est le 2 133. En additionnant les chiffres, vous avez neuf. Cela vous portera bonheur.

63

LE SERGENT DE VILLE

D'ailleurs, que voulez-vous que je fasse pour faire lâcher Madame ? Que je la chatouille ?

LA FOLLE

Essayez, mon ami.

LE SERGENT DE VILLE

Je plaisante, Comtesse. Vous tenez ce jeune homme parce que vous le voulez, n'est-ce pas ? Et il est assez grand pour partir s'il veut partir ?

LA FOLLE

J'ai même toutes les raisons de le tenir. Je le tiens parce que je ne veux pas que ce monsieur l'emmène. Je le tiens parce que c'est agréable de le tenir. C'est le premier homme que je tiens, j'en profite. Je le tiens parce que c'est la seule fois depuis bien des jours, sans doute, où il se sente en liberté...

LE PROSPECTEUR

Pierre, venez, ou gare !

PIERRE

Laissez-moi partir, Madame.

LA FOLLE

Je le tiens parce que c'est Irma qui le tient par ma main.

IRMA

Oh ! Comtesse !

Pierre se laisse retomber.

LE SERGENT DE VILLE

Vous, circulez ! Elle ne vous tient pas. Vous pouvez partir.

64

ACTE PREMIER

LE PROSPECTEUR

A ce soir, Pierre. Vous savez où. Nous réglerons les comptes. Si vous n'êtes pas là, à huit heures,... la lettre part.

Il s'en va. Les autres s'écartent.

PIERRE

Merci, Madame...

LA FOLLE

Ils vous font chanter, n'est-ce pas? Vous avez tué quelqu'un?

PIERRE

Jamais.

LA FOLLE

Même pas l'un d'eux? C'est bien dommage! La prochaine fois n'hésitez pas... Vous avez volé?

PIERRE

Non. Je vous assure.

LA FOLLE

Si c'était des actions du Bas-Amazone, vous auriez rudement bien fait. C'eût été voler des voleurs. Ils m'ont forcée à en acheter deux à 1 000 que j'ai revendues à 33. Vous avez servi des messes noires?

PIERRE

J'ai signé un chèque sans provision. Depuis ils ne me lâchent plus.

LA FOLLE

Que font-ils, ces bandits? Ils parlent de détruire Chaillot, si j'ai bien entendu?

65

PIERRE

De fond en comble. Et tout Paris. Ils ont un plan de prospection qui ne laisse rien de la ville. Ils veulent tout sonder, tout fouiller. Leurs foreuses sont prêtes.

LA FOLLE

Que cherchent-ils ? Ils ont perdu quelque chose ?

PIERRE

Ils cherchent du pétrole.

Tous les comparses se sont à nouveau réunis.

LA FOLLE

Curieux ! Qu'est-ce qu'ils veulent en faire ?

PIERRE

Ce qu'on fait avec du pétrole. De la misère. De la guerre. De la laideur. Un monde misérable.

LE CHIFFONNIER

Exactement. Le contraire de ce que l'on fait avec du suif.

LA FOLLE

Laissez-les donc tranquilles. Le monde est beau et heureux. C'est Dieu qui l'a voulu. Nul homme n'y pourra rien.

MARTIAL

Ah ! Madame !

LA FOLLE

Qu'avez-vous à protester, Martial ?

MARTIAL

Faut-il le lui dire, mes amis ?

66

ACTE PREMIER

LA FOLLE

Qu'est-ce que vous me cachez ?

LE CHIFFONNIER

C'est vous qui vous le cachez, Comtesse. Ce n'est pas nous.

MARTIAL

Vas-y, chiffonnier. Tu as fait le camelot ! Tu sais parler ! Explique !

TOUS

Oui. parle !

LA FOLLE

Vous me faites peur, mes amis ! Je vous écoute, chiffonnier.

LE CHIFFONNIER

Comtesse, autrefois les chiffons étaient plus beaux que les coupons, l'homme donnait de l'honneur à ce qu'il déformait. J'en ai revendu à la haute couture. Je ne parle pas des fourchettes en argent. Pas une semaine où je n'en trouvais avec les coquilles d'huîtres. Pour un cadeau de mariage, je n'avais qu'à acheter l'écrin. Et pour pas cher. Je vous donnerai l'adresse. Maintenant les objets ne laissent plus dans les poubelles que leurs excréments, comme les personnes...

LA FOLLE

Où voulez-vous en venir ?

LE CHIFFONNIER

Des excréments qui puent, Comtesse. Autrefois tout ce que l'homme jetait sentait bon. Ce que vous appeliez mauvaise odeur dans une poubelle c'est qu'elle les avait toutes à la fois. Sardine, eau de Cologne, iodo-

67

forme, chrysanthème ! Cela vous brouillait. Mais nous,
les chiffonniers, nous ne nous y trompions pas. L'hiver,
par temps de neige, quand nous plongions le nez dans
ce petit brouillard qui en montait...

LA FOLLE
Je vous demande où voulez-vous en venir ?

LE CHANTEUR
Dis-le, chiffonnier, ou je le chante !

LE CHIFFONNIER
A ceci, Comtesse... Tant pis ! Je lâche le morceau !
A ceci : le monde file un mauvais coton.

LA FOLLE
Quelle est cette histoire ?

LE CHIFFONNIER
Il y a une invasion, Comtesse. Le monde n'est plus
beau, le monde n'est plus heureux, à cause de l'invasion.

LA FOLLE
Quelle invasion ?

LE CHIFFONNIER
Vous, vous vivez dans un rêve. Quand vous avez
décidé le matin que les hommes seraient beaux, les
deux fesses que votre concierge porte au visage deviennent de petites joues à baiser. Nous, ce pouvoir
nous manque. Depuis dix ans nous les voyons débouler,
de plus en plus laids, de plus en plus méchants.

LA FOLLE
Vous parlez de ces quatre hommes, qui noyaient
Fabrice ?

68

ACTE PREMIER

LE CHIFFONNIER

Ah ! s'ils n'étaient que quatre ! C'est une invasion, Comtesse. Autrefois, quand vous circuliez dans Paris, les gens que vous rencontriez étaient comme vous, c'était vous. Ils étaient mieux vêtus ou plus sales, contents ou en colère, pingres ou généreux, mais comme vous. Vous étiez soldat, l'autre était colonel. C'était tout, c'était de l'égalité. Mais voilà dix ans, un jour, dans la rue, le cœur m'a tourné. Entre les passants, je voyais un homme qui n'avait rien de commun avec les habituels, trapu, bedonnant, l'œil droit crâneur, l'œil gauche inquiet, une autre race. Il marchait bien au large, mais, d'une drôle de façon, menaçant et pas à l'aise, comme s'il avait tué un de mes habitués pour prendre sa place. Il l'avait bien tué. C'était le premier. L'invasion commençait. Depuis, pas de jour qu'un de mes anciens ne disparaisse et qu'un de ces nouveaux ne le remplace.

LA FOLLE

Comment sont-ils ?

LE CHIFFONNIER

Ils sont tête nue dehors et dedans chapeau sur la tête. Ils parlent du coin des lèvres. Ils ne courent pas, ils ne se pressent pas. Vous n'en verrez jamais un suer. Ils tapent leur cigarette contre leur porte-cigarette quand ils vont fumer. Un bruit de tonnerre. Ils ont des plis et des poches d'yeux que nous n'avons pas. On dirait qu'ils ont d'autres péchés capitaux que les nôtres. Ils ont nos femmes, mais en plus riche et plus courant. Ils ont acheté les mannequins des vitrines, fourrures y compris, et leur ont fait donner la vie, avec un supplément. C'est leurs épouses.

LA FOLLE

Qu'est-ce qu'ils font ?

LE CHIFFONNIER

Ils n'ont aucun métier. Quand ils se rencontrent, ils chuchotent et se passent des billets de cinq mille. On les trouve près de la Bourse, mais ils ne crient pas, près des îlots de maisons qu'on va démolir, mais ils ne travaillent pas, près des tas de choux aux Halles, mais ils n'y touchent pas. Devant les cinémas, mais ils regardent la queue, ils n'entrent pas. Autrefois les denrées, les pièces de théâtre avaient l'air de se vendre elles-mêmes, de se présenter elles-mêmes. Maintenant tout ce qui se mange, tout ce qui se voit, tout ce qui s'entreprend, et le vin, et le spectacle, on dirait qu'ils ont un mec, qui les met sur le trottoir, et les surveille, sans rien faire. C'est eux, ma pauvre Comtesse. C'est leur mec.

LA FOLLE

Alors ?

LE CHIFFONNIER

Alors le monde est plein de mecs. Ils mènent tout, ils gâtent tout. Voyez les commerçants. Ils ne vous sourient plus. Ils n'ont d'attention que pour eux. Le boucher dépend du mec du veau, le garagiste du mec de l'essence, le fruitier du mec des légumes. On ne peut imaginer jusqu'où va le vice. Le légume et le poisson sont en cartes. Je suis sûr qu'il y a un mec des salsifis, un mec du maquereau. Demandez à Martial. Il les connaît. Il y a un mec de chaque consommation. Aussi tout renchérit, Comtesse. Vous buvez votre vin blanc cassis. Sur vos vingt sous, deux pour le mec vin blanc, deux pour le mec cassis. J'en viens à préférer les vrais mecs, Comtesse. Ceux-là je leur serre la main. Ceux-là ont du risque, et d'ailleurs c'est régulier. Il y a des femmes qui sont aussi folles de leur mec que le veau se fout du sien. Pardon, Irma...

LE CHANTEUR

Si tu laissais Irma, fripouille...

LE CHIFFONNIER

Voilà. J'ai dit. La Comtesse sait tout. L'époque des esclaves arrive. Nous sommes là les derniers libres. Mais ça ne tardera guère. Vous avez vu leurs quatre gueules aujourd'hui. Le chanteur va avoir à traiter avec le mec de la chanson, et moi avec le mec de la poubelle. Ou c'est la fin.

LA FOLLE

C'est vrai ce que raconte le chiffonnier, Fabrice ?

PIERRE

Pire encore, Madame.

LA FOLLE

Tu savais cela, Irma ?

IRMA

Par le chasseur, oui, Comtesse. Il faut se méfier de tout le monde, même des paroles. Il ne prend plus de paris au téléphone.

LE CHANTEUR

L'air lui-même n'est plus comme autrefois, Comtesse. Si le jongleur les lance un peu haut, ses flambeaux s'y éteignent. Ou c'est l'essence.

LE CHIFFONNIER

Il y a un mec de l'oxygène.

LE CHANTEUR

Les pigeons vont à pied.

LA FOLLE

Ce sont des imbéciles, et vous aussi. Pourquoi ne m'as-tu pas prévenue, Irma ?

IRMA

Qu'y pouviez-vous ?

LA FOLLE

C'est ce qu'on va voir, et ce soir même. Qu'avez-vous, tous, à lamenter, au lieu d'agir. Vous pouvez tolérer cela, un monde où l'on ne soit pas heureux, du lever au coucher ! Où l'on ne soit pas son maître ! Seriez-vous lâches ! Puisque vos bourreaux sont les coupables, Fabrice, il n'y a qu'à les supprimer.

PIERRE

Ils sont trop, Madame.

LA FOLLE

Ils sont quatre, et nous dix. Le sergent de ville nous aidera. Ou j'écris au préfet pour lui dénoncer la police !

IRMA

Ils sont des centaines, Comtesse. Le sourd-muet les connaît tous. Ils ont voulu l'engager. Ils engagent des sourds-muets pour n'être pas trahis... Ils l'ont mis à la porte, sans doute quand ils ont vu qu'il n'était pas aveugle... Ecoutez. Il récite la liste...

> Mimique du sourd-muet. Irma traduit.

IRMA

Les présidents de conseils d'administration; les administrateurs délégués; les prospecteurs conscients; les coulissiers à report; les secrétaires généraux des syndicats de l'entreprise; les députés des Alpes-Maritimes affectés au budget du Maroc; les expropriateurs patentés; M. Duplat Vergorat, sans profession... M. X, publicitaire, etc... etc... etc...

PIERRE

Ils s'entendent tous, ils se tiennent tous. Ils sont liés plus serré les uns aux autres que les alpinistes par leur chaîne.

LA FOLLE

Tant mieux. Ce sera leur perte. Il suffit de les attirer tous à la fois dans le même piège.

LE SERGENT DE VILLE

Impossible, Comtesse ! Ils se méfient. A la Sûreté, nous manquons chaque fois le coup. Dès qu'on les approche, ils changent de forme. J'approche l'administrateur délégué, il devient président, le président, il devient président honoraire, le coulissier à report coulissier à terme, j'approche le député, il devient ministre...

LA FOLLE

C'est le duo de *Mireille* que vous me récitez, sergent de ville. Attachez-leur des signes par-derrière, pour les bien reconnaître. Où est cet idiot d'enfant, qui m'épingle des pancartes dans le dos ?

PIERRE

Ils ont la puissance. Ils ont l'or, et ils sont avides !

LA FOLLE

Avides ! Alors ils sont perdus ! S'ils sont avides, ils sont naïfs. Où fait-on de mauvaises affaires ? Exclusivement dans les affaires. J'ai déjà mon plan, mes amis. Ce soir vous serez innocent, Fabrice, et ton air sera élastique, jongleur, et ton absinthe libérée, Martial. Au travail, tous ! Tu as du pétrole, Irma ?

IRMA

Oui, du pur, à l'office.

LA FOLLE

Je le veux impur, dans une fiole sale. Vous, chanteur, courez rue du Ranelagh prévenir Mme Constance...

UN SALE MONSIEUR qui s'est installé à une table voisine.
Ah, oui ! La Folle de Passy.

LA FOLLE

Quel est cet être ?

LE GARÇON

Un être malfaisant, Comtesse. Il offre des photos horribles à Irma et il appelle les dames vos amies des folles.

LA FOLLE

Courez rue du Ranelagh prévenir Mme Constance de se trouver à deux heures rue de Chaillot, non pas chez moi, mais dans ce sous-sol où le propriétaire autorise ma sieste. Qu'elle n'y manque pas ! Dites-lui que c'est pour un conseil dont dépend le bonheur de l'univers. Elle veut du mal au monde entier. Elle accourra à tire-d'aile... Et qu'elle y convoque sans faute Mme Gabrielle...

LE SALE MONSIEUR, toujours ricanant.
Ah oui ! La Folle de Saint-Sulpice !

LE CHANTEUR

Je lui casse la gueule ?

LA FOLLE

Non. Laissez-la-lui. On ne le reconnaîtrait plus. Nous aurons à le retrouver. Vous savez comment vous faire ouvrir par Mme Constance ? Après avoir sonné il faut miauler trois fois. Vous savez miauler ?

LE CHANTEUR

J'aboie mieux.

LA FOLLE

Arrangez-vous. Cela vous vaudra une récompense. Je crois que Mme Constance sait la *Belle Polonaise*. Rappelez-moi ce soir de le lui demander... Voici Irma. Prenez la dictée, sourd-muet.

IRMA, traduisant le sourd-muet.

J'écoute.

LA FOLLE

Monsieur le Président,... ou Monsieur le Directeur, ou Monsieur le Syndic, vous varierez suivant le personnage.

IRMA, traduisant.

Ils s'appellent tous présidents.

LA FOLLE

Monsieur le Président, si vous voulez vous convaincre de la présence dans Chaillot...

IRMA, traduisant.

De visu...

LA FOLLE

Pourquoi de visu ?...

IRMA, traduisant.

Le latin fait pièce officielle.

LA FOLLE

Va pour de visu..., des sources de pétrole dont le

tampon d'ouate ci-inclus, imbibé dudit liquide, vous
permettra de juger la qualité...

IRMA, traduisant.

De olfactu...

LA FOLLE

En effet, c'est plus net. Venez sans retard et par les
moyens les plus rapides, seul ou avec vos associés et
consorts, au 21 de la rue de Chaillot. Irma vous atten-
dra à la porte cochère et vous conduira aussitôt...

IRMA, traduisant.

De pede...

LA FOLLE

... à la nappe elle-même et à la digne personne qui
en est la seule propriétaire.

IRMA

Compris, Comtesse. Le sourd-muet polygraphie. Je
mets un tampon dans chaque enveloppe, et toutes
sont distribuées dans l'heure.

LA FOLLE

Combien avez-vous d'enveloppes, sourd-muet ?

IRMA

Dans les trois cent cinquante. Nous n'enverrons
qu'aux chefs.

LA FOLLE

Qui va les distribuer ? Surtout pas le sourd-muet !
On lui rend en moyenne quatre-vingt-dix-neuf enveloppes sur cent !

IRMA

Le chasseur, à motocyclette.

LA FOLLE

Cette machine qui empeste ? Bonne idée ! Qu'il place les lettres contre le réservoir. L'appât aura plus de goût... Je vous laisse. J'ai à prendre pour la cérémonie mon manteau rouge... Chasseur, mon boa.

LE CHASSEUR

Celui qui est volé ?

LA FOLLE

Oui. Celui que ce président m'a volé.

LE CHASSEUR

Je ne l'ai pas retrouvé, Comtesse. Mais on m'a laissé un collet en hermine !

LA FOLLE

L'hermine se marie admirablement avec l'iris. De vraie hermine ?

LE CHASSEUR

On le dirait.

LA FOLLE

Apporte-le. Vous, Fabrice, vous me reconduisez. Si, si, vous allez venir. Vous êtes encore tout pâle. J'ai de la vieille chartreuse. J'en bois un verre tous les ans, et l'année dernière j'ai oublié. Vous le boirez.

PIERRE

Si je peux vous rendre service, Madame.

LA FOLLE

Sûrement, vous pouvez me rendre service. On n'imagine pas ce qui est à faire dans la chambre où un homme n'a pas pénétré depuis vingt ans. Vous démêlerez la chaînette de la jalousie, je pourrai enfin la lever, et voir clair en plein jour. Vous desencadrerez la glace de l'armoire pour enlever l'image de cette horreur qui m'y regarde. Vous désamorcerez la souricière, elle est trop dure pour moi, et je n'ai pu enlever la souris... Il y a aussi quelques mouches à tuer. Cela vous entraînera pour cet après-midi... A tout à l'heure, mes amis. Ce sera dur, et tous au poste ! En route.

> Le chasseur lui met le collet.

Merci, chasseur. C'est du lapin... Votre bras, Valentin.

PIERRE

Valentin ?

LA FOLLE

Vous n'entendez pas sonner une heure ? A une heure, les hommes s'appellent Valentin.

PIERRE

Voici mon bras, Madame.

LA FOLLE

Ou Valentino. Ce n'est évidemment pas la même chose. N'est-ce pas, Irma ?... C'est à eux de choisir...

> Elle sort... Tous s'éparpillent... Irma est restée seule.

IRMA

Je m'appelle Irma Lambert. Je déteste ce qui est laid, j'adore ce qui est beau. Je suis de Fursac, dans la Creuse. Je déteste les méchants, j'adore la bonté. Mon père était maréchal ferrant, au croisement des routes. Je déteste Boussac, j'adore Bourganeuf. Il disait que ma tête est plus dure que son enclume. Souvent je rêve qu'il tape sur elle. Des étincelles en partent. Mais si j'avais été moins têtue, je n'aurais pas quitté la maison et eu cette vie merveilleuse. A Guéret d'abord, où j'allumais les feux au lycée de filles. Je déteste le soir, j'adore le matin. Puis à Dun-sur-Auron, où je faufilais les chemises à l'ouvroir pour les sœurs. Je déteste le diable, j'adore Dieu. Puis ici, où je suis plongeuse et où j'ai l'après-midi du jeudi libre. J'adore la liberté, je déteste l'esclavage. Etre plongeuse à Paris, cela n'a l'air de rien. Le mot séduit. Il est beau. Et cela semble tout. Mais qui a plus de relations qu'une plongeuse, à l'office, à la terrasse, sans compter que parfois je double le vestiaire, et moi je n'aime pas beaucoup les femmes, j'adore les hommes. Eux n'en savent rien. Jamais je n'ai dit à l'un d'eux que je l'aimais. Je ne le dirai qu'à celui que j'aimerai vraiment. Beaucoup m'en veulent de ce silence; ils me mettent la main sur la taille, ils croient que je ne le vois pas; ils me pincent, ils croient que je ne le sens pas. Ils m'embrassent dans les couloirs, ils croient que je ne le sais pas. Ils m'invitent, le jeudi, ils m'emmènent chez eux. Ils me font boire. Je déteste le whisky, j'adore l'anisette. Ils me retiennent, ils s'étendent. Tout ce qu'ils veulent. Mais ma bouche est serrée. Mais que ma bouche leur dise que je les aime, plutôt me tuer. Ils le comprennent. Pas un qui ne me salue ensuite quand il me rencontre. Les hommes détestent la lâcheté, ils adorent la dignité. Ils sont vexés, tant pis pour eux, ils n'avaient qu'à ne pas s'approcher d'une vraie fille, et que penserait celui que j'attends s'il savait que j'ai dit je t'aime à ceux qui m'ont tenue avant lui dans leurs bras. Mon Dieu, que j'ai eu raison de m'obstiner à être plongeuse ! Car il viendra, il n'est plus loin. Il ressemble à ce jeune homme sauvé des eaux. A le voir en tout cas le mot gonfle déjà ma bouche, ce mot que je lui répéterai sans arrêt jusqu'à la vieillesse, sans arrêt, qu'il me caresse ou qu'il me batte, qu'il me soigne ou qu'il me tue. Il choisira. J'adore la vie. J'adore la mort.

LA FOLLE DE CHAILLOT

UNE VOIX

La plongeuse !

IRMA, sortant la tête de son rêve.

La voilà !

Le rideau tombe.

ACTE DEUXIÈME

Un sous-sol aménagé en appartement dans la rue de Chaillot. Demi-abandonné. La Folle sur un fauteuil.

Irma annonçant.

IRMA
L'égoutier, Comtesse.

LA FOLLE
Tu l'as trouvé. Merci, mon Dieu ! Nous sommes sauvés !

Irma et le sourd-muet exeunt, comme dirait ce dernier.

LA FOLLE
Vos bottes à la main, monsieur l'égoutier ?

L'ÉGOUTIER
Par déférence, Comtesse.

LA FOLLE
Politesse américaine, monsieur l'égoutier. Il y a

beaucoup à dire sur elle. Maintenant les hommes s'excusent quand ils vous tendent leur main gantée. Prétention de leur part, de penser que leur peau est plus agréable au toucher que celle du chamois ou du veau. D'autant plus qu'ils transpirent. Je vous en prie. Mettez vos bottes.

L'ÉGOUTIER

Mes pieds sont secs, Comtesse. Mais merci tout de même.

LA FOLLE

Monsieur l'égoutier, combien de Parisiens à votre vue ont la conscience trouble ? C'est dans votre domaine qu'ils ont jeté toutes les rognures et tous les déchets de leur vie. Moi pas. De toutes les saletés que charrient vos égouts, pas une dont je sois responsable. Je brûle mes ongles, je sème mes cendres. Jamais vous ne me surprendrez lançant dans une de vos bouches, comme j'ai surpris à le faire un conseiller d'Etat, un ignoble papier et son ignoble contenu. Je n'y jette que mes fleurs, et pas encore fanées. Si vous avez vu ce matin flotter un arum sur les eaux de votre canal, j'ai de fortes raisons de croire que c'est le mien. J'estime qu'il n'y a pas lieu d'être plus fière quand on fait ses saletés au-dessous de soi que lorsqu'on les fait à son niveau, et me suis toujours arrangée, en ce qui me concerne, pour que les égouts soient propres et embaumés. Si cela ne se remarque pas, tant pis !

L'ÉGOUTIER

Cela se remarque quand même, Comtesse. Nous trouvons parfois bien des objets qui ne peuvent avoir été jetés que par attention pour nous. Cette fois une brosse à dents. Cette fois *Mon curé chez les Riches*. Tout ça sert. En tout cas, merci pour l'arum.

82

LA FOLLE

Vous aurez cet iris demain matin. Et maintenant, au fait, monsieur l'égoutier ! Irma vous a convoqué parce que j'ai à vous poser deux questions.

L'ÉGOUTIER

A vos ordres, Comtesse.

LA FOLLE

La première n'a aucun rapport avec ce qui m'occupe aujourd'hui. Curiosité pure. Est-il vrai que vous ayez un roi ?

L'ÉGOUTIER

O Comtesse, c'est encore une histoire des cantonniers municipaux. Ils ne savent qu'inventer sur nous égoutiers. Parce qu'ils nous voient circuler dans la terre, ils nous envient, et qu'est-ce qu'ils vous racontent ! Ils disent qu'il y a une race de filles qui ne remonte jamais et qui est spéciale pour les égoutiers. C'est complètement faux, elles remontent tous les mois. Et les orgies à gondoles ! Et les rats qui suivent à la flûte ! Et que les égouts ressentent le coucher et le lever du soleil et se colorent matin et soir ! La vérité est que le 14 juillet nous tirons un feu d'artifice, dans les petites rivières couvertes, Grange Batelière et ruisseau de Ménilmontant, qui ont des courants et de la cascade. Une fusée a pu passer par une bouche ouverte. Mais c'est tout. Non... Nous sommes plutôt une démocratie, une aristocratie, comme on dit, une oligarchie. Si nous fêtons le 14 juillet, c'est que nous n'avons pas de roi.

LA FOLLE

Pas de reine non plus, alors ?

L'ÉGOUTIER

Pas la moindre. Quant à cette calomnie des balayeurs, que nous faisons nos courses de natation dans les égouts...

LA FOLLE

Je vous crois, monsieur l'égoutier, et j'arrive à ma seconde question, car le temps me presse...

L'ÉGOUTIER

Il se peut qu'un jour d'été, la canicule aidant...

LA FOLLE

Je vous crois. Je vous crois. Mais vous rappelez-vous, le jour où j'ai repéré avec vous ce sous-sol délaissé, que vous m'avez promis de m'y révéler un secret ?

L'ÉGOUTIER

Le secret qui ouvre le mur ?

LA FOLLE

Oui. Aujourd'hui, j'en ai besoin.

L'ÉGOUTIER

Personne, à part moi, ne le sait.

LA FOLLE

Je m'en doute. J'ai trois mots qui ouvrent tout ce qui s'ouvre par un mot. Je viens de les essayer, aucun n'agit.

L'ÉGOUTIER

Voici le secret, Comtesse. Ce sera entre nous.

> Il appuie sur un coin de la plinthe. Un pan du mur pivote, et révèle un passage qui descend presque à pic.

LA FOLLE

Où mène cet escalier ?

L'ÉGOUTIER

Nulle part. Après soixante-six marches, on trouve un carrefour en étoile dont chaque chemin aboutit à une impasse.

LA FOLLE

Je descends voir.

L'ÉGOUTIER

Gardez-vous-en. Les marches sont ainsi faites qu'on les descend facilement, mais qu'on ne peut les remonter.

LA FOLLE

Vous êtes remonté, vous-même ?

L'ÉGOUTIER

J'ai juré de ne pas dire le truc.

LA FOLLE

Il n'y a qu'à crier.

L'ÉGOUTIER

On peut crier. Le pan de mur en place, il faudrait tirer le canon pour qu'on entende.

LA FOLLE

Le canon ? Parfait. Est-ce qu'il coulerait dans la caverne une source de pétrole, par hasard ?

L'ÉGOUTIER

Pas la moindre. Pas une goutte d'eau. Quelques rats à manger, mais il faut y compter mourir de soif.

LA FOLLE

C'est bien dommage. J'aurais aimé une source de pétrole, de pétrole pur. Ou du charbon, du meilleur, de l'anthracite. Ou un filon d'or, en or brut. Ou des diamants ? Vous êtes sûr qu'il n'y en a pas ?

L'ÉGOUTIER

Pas plus que de champignons. Croyez que je les ai cherchés.

LA FOLLE

Tant pis. Et comment se referme-t-elle, votre dalle ?

L'ÉGOUTIER

Pour ouvrir, appuyer trois fois sur le saillant de cette plinthe. Pour fermer, trois fois sur le bouton de cette cannelure.

LA FOLLE

Si je dis en même temps les mots qui ouvrent, pas d'inconvénient ?

L'ÉGOUTIER

Ça ne peut qu'aider.

> Irma paraît.

IRMA

Mme Constance et Mlle Gabrielle sont là, Comtesse.

LA FOLLE

Fais-les descendre.

L'ÉGOUTIER

C'est comme cette histoire d'une blanchisserie de Grenelle, Comtesse, qui se serait établie chez nous... Oh ! pardon, Mesdames !

> Il sort. Entrent Constance, la Folle de Passy, et Gabrielle, la Folle de Saint-Sulpice. Constance en robe blanche à volants avec chapeau Marie-

ACTE DEUXIÈME

Antoinette à voilette violette, solides bottines élastiques. Gabrielle faussement simple avec toque et manchon 1880, et exagérément fardée et minaudière.

CONSTANCE

Quel est le miracle ? Aurélie. On a retrouvé ton boa ?

GABRIELLE

Adolphe Bertaut demande enfin votre main. J'en étais sûre !

AURÉLIE

Bonjour, Constance. Bonjour, Gabrielle. Merci d'être venues.

GABRIELLE

Ne vous donnez pas la peine de crier, Aurélie. C'est mercredi aujourd'hui. C'est un des jours où j'entends bien.

CONSTANCE

Non. C'est jeudi.

GABRIELLE

Alors parlez-moi seulement bien en face. C'est le jour où je vois le mieux.

CONSTANCE, laissant passer un chien imaginaire.

Entre, Dicky, et cesse d'aboyer. Tu nous casses les oreilles. Tu vas voir le plus long boa et le plus bel homme de Paris !

AURÉLIE

Il ne s'agit pas de mon boa, Constance. Ni de ce pauvre Adolphe. Il s'agit du monde. Asseyez-vous, et écoutez.

87

CONSTANCE

De quel monde ? Du grand ? Du petit ? Du demi ?

AURÉLIE

Ne plaisante pas. Le jour est grave. Du monde entier. Nous avons à prendre toutes quatre une décision qui peut le transformer et en faire le paradis.

CONSTANCE

Il ne pouvait pas attendre demain ? Je lavais mes pantoufles. La paix, Dicky !

AURÉLIE

C'était de la plus grande urgence. Je vous expliquerai tout dès que Joséphine sera là. Prenons le thé en attendant.

GABRIELLE

J'ai trouvé Joséphine sur son banc des Champs-Elysées. Impossible de la bouger. La pauvre attend que Carnot soit sorti.

AURÉLIE

C'est très dommage. Elle a du jugement.

CONSTANCE

Alors nous t'écoutons. Tu veux monter sur les genoux de tante Aurélie ? Monte, Dicky.

AURÉLIE

Ma chère Constance, nous t'aimons bien, et nous aimons bien Dicky. Mais l'heure est trop sérieuse pour ces enfantillages.

CONSTANCE

Quels enfantillages ? Que vas-tu insinuer ?

ACTE DEUXIÈME

AURÉLIE

Je parle de Dicky. Tu sais qu'il est le bienvenu ici. Nous nous arrangeons pour le recevoir et le traiter aussi bien que quand il vivait. C'est un souvenir qui a pris dans ton cerveau une forme particulière. Nous le respectons. Mais ne me le flanque pas sur les genoux, quand j'ai à vous parler de la fin du monde. Il a encore sa panière sous l'armoire. Qu'il y aille... Et maintenant, écoutez-moi.

CONSTANCE

Ainsi tu en es là, Aurélie? Là où en sont mon concierge et mon notaire?

AURÉLIE

Où en est-il, ton notaire?

CONSTANCE

Exactement où tu en es. Il me traitait de folle avec Dicky. Il a fallu que je le lui apporte empaillé pour lui prouver qu'il existait et lui clouer le bec. Et tu parles de sauver le monde! Le monde, où chaque être mort ou vivant doit fournir de lui cette preuve ignoble qu'est son corps, n'a pas besoin d'être sauvé!

AURÉLIE

Ne fais pas de phrases! Tu sais aussi bien que moi que ce pauvre petit Dicky est entre nous une convention touchante, mais une convention. Et d'ailleurs c'est toi qui le rends impossible. Quand tu es allée chez ta nièce et me l'as confié le mois dernier, nous nous sommes parfaitement entendus. Dès que tu n'es pas là, c'est un modèle. Il n'aboie pas. Il ne mange pas. Avec toi on n'entend que lui. Je ne le prendrai sur mes genoux pour rien au monde.

GABRIELLE

Je puis très bien le prendre, Aurélie. Il est tout ce qu'il y a de propre avec moi.

CONSTANCE

Ne jouez pas la sainte-Nitouche, Gabrielle. Vous êtes trop complaisante pour être honnête. Certains jours je fais comme si Dicky était là, alors que je l'ai laissé à la maison. Vous l'embrassez et le flattez tout autant.

GABRIELLE

J'adore les animaux.

CONSTANCE

Vous ne devez pas caresser Dicky quand il n'est pas là. C'est mal...

AURÉLIE

Gabrielle a bien le droit...

CONSTANCE

Oh ! Gabrielle a tous les droits. Gabrielle a le droit, depuis quinze jours, de prétendre amener à nos réunions une espèce d'invité dont elle ne nous a pas même dit le nom et qui n'existe certainement que dans son imagination.

AURÉLIE

Si tu trouves que ça n'est pas une existence...

GABRIELLE

Je ne l'amène pas, Constance. Il vient de lui-même. Sans doute nous lui plaisons...

CONSTANCE

Pourquoi ne nous prévenez-vous pas, quand vous

croyez le voir entrer, par une toux, par un signe ? Je vous préviens, moi, pour Dicky, et pourtant il aboie.

AURÉLIE

Puisque, pour toi, c'est une illusion, qu'est-ce que cela te fait ?... Tais-toi... Je commence...

CONSTANCE

Illusion, sûrement. Mais ce n'en est pas moins insupportable de se sentir épié par une illusion, dont on ne sait surtout ni l'âge ni le sexe. Un enfant peut-être... Moi qui parle vif...

GABRIELLE

Ce n'est pas un enfant...

CONSTANCE

Encore heureux... Vous la voyez, en ce moment, Gabrielle ?

AURÉLIE

Vais-je pouvoir parler ! Allons-nous recommencer cette séance où nous avions à décider s'il fallait piquer le chat de Joséphine et où, malgré tous nos efforts, nous n'avons pu aborder la question !

CONSTANCE

Abordons-la. Ma position est nette. Jamais je ne te piquerai, mon petit.

AURÉLIE

La voilà qui pleure, maintenant. Elle est infernale. Tout va rater à cause d'elle ! Sèche tes larmes. C'est bon. Je vais le prendre.

CONSTANCE

Non, non, il n'ira pas. Si je suis infernale, tu es

cruelle ! Crois-tu que je ne sache pas la vérité sur
Dicky ! Crois-tu que je n'aimerais pas mieux l'avoir
bien vivant et frétillant ? Toi tu as Adolphe. Gabrielle a ses oiseaux. Moi je n'ai que Dicky. Crois-tu
que je ferais ainsi l'idiote si de l'entretenir en pensée
autour de nous n'était pas la condition pour qu'il re-
vienne vraiment de temps en temps ! Je ne l'amènerai
plus, la prochaine fois...

AURÉLIE

Ne va pas commencer d'histoires ! Viens là, Dicky...
Irma va te sortir...

CONSTANCE

Non, non. Inutile ! D'ailleurs, je ne l'avais pas
amené. C'est bien fait pour vous.

AURÉLIE

Comme tu voudras. Mais ne vous éloignez pas,
Irma. Surveillez la porte.

CONSTANCE

Surveiller la porte ! Tu me fais peur ! Que se
passe-t-il ?

AURÉLIE

Tu le saurais si tu m'avais permis de placer une
parole... Mes amies, depuis ce matin, depuis ce matin
à midi juste...

CONSTANCE

Mais, c'est passionnant !

AURÉLIE

Tais-toi... Depuis ce matin à midi juste, et grâce à
un jeune noyé... Ah ! pendant que j'y pense ! Tu m'as
bien dit que tu savais la *Belle Polonaise ?*

ACTE DEUXIÈME

CONSTANCE

Oui, Aurélie.

AURÉLIE

Tu la sais toute ?

CONSTANCE

Oui, Aurélie.

AURÉLIE

Tu pourrais la chanter à l'instant même ?

CONSTANCE

Oui, Aurélie. Mais il me semble que c'est toi qui
nous fais perdre le fil.

AURÉLIE

Tu as raison. Au fait. Depuis ce matin je suis au
courant d'un horrible complot. Des bandits veulent
détruire Chaillot.

CONSTANCE

Ce n'est que cela ? Tu viendras habiter Passy. Je
me suis toujours demandé pourquoi tu habitais Chaillot. C'est le quartier de Paris où le soir il y a le plus
de chauves-souris.

GABRIELLE

Vous viendrez à Saint-Sulpice, Aurélie. En ce moment la vasque de la fontaine des Evêques est pleine
de crapauds chanteurs. C'est ravissant.

AURÉLIE

Mais vous êtes menacées autant que moi, pauvres
folles ! Saint-Sulpice est condamné, et Passy. Vous risquez d'être délogées sans retard et d'errer dans Paris
comme deux vieilles chouettes.

CONSTANCE

Pourquoi deux? Tu t'exclues de la comparaison?

AURÉLIE

Comme trois, si tu y tiens.

CONSTANCE

J'aime te voir polie.

GABRIELLE

Je ne comprends pas, Aurélie. Pourquoi les hommes détruiraient-ils Saint-Sulpice? C'est eux qui l'ont construit.

AURÉLIE

Vous n'avez pas plus d'œil que d'oreille, Gabrielle, sinon vous auriez vu que tous ces hommes qui partout se donnent des airs de constructeurs sont voués secrètement à la destruction. Leur édifice le plus neuf n'est que le mannequin d'une ruine. Voyez nos conseillers municipaux et leurs entrepreneurs. Tout ce qu'ils bâtissent comme maçons, ils le détruisent comme francs-maçons. Ils bâtissent des quais en détruisant les rives, voyez la Seine, des villes en détruisant la campagne, voyez le Pré-aux-Clercs, le Palais de Chaillot en détruisant le Trocadéro. Ils disent qu'ils ravalent une maison, pas du tout, je les ai observés de près. Avec leurs racloirs et leur grattoirs, ils l'usent au moins de plusieurs millimètres. Ils usent l'espace et le ciel avec leurs lunettes d'approche, et le temps avec leurs montres. L'occupation de l'humanité n'est qu'une entreprise universelle de démolition. Je parle de l'humanité mâle.

GABRIELLE

Oh, Aurélie!

CONSTANCE

Pourquoi ce mot ? Tu sais que Gabrielle ne le supporte pas.

AURÉLIE

Explique-le-lui.

CONSTANCE

Tu ne veux quand même pas que je raconte ma nuit de noces à Gabrielle, qui est demoiselle ?

AURÉLIE

Elle en sait autant que toi. Elle a des serins.

GABRIELLE

Je vous trouve bien injuste pour l'homme, Aurélie. Il est grand, il est beau, il est loyal. Je n'ai pas voulu me marier, mais toutes mes amies m'ont dit qu'il était la tendresse et la noblesse du ménage. Le mari de Berthe Carassut sait même stopper.

AURÉLIE

Pauvre amie ! J'ai pensé comme vous jusqu'à ce matin, mais le chiffonnier vient de m'ouvrir les yeux. Les hommes sont tout simplement en train de se changer en animaux avides. Ils n'ont plus la force de dissimuler. Autrefois celui qui avait le plus faim était celui qui retardait le plus d'attaquer son potage. Celui qui voulait aller au petit coin était celui dont le sourire était le plus large... Pardon, Gabrielle ! Quand j'étais jeune fille nous nous amusions à les retenir et à les faire sourire ainsi des heures entières. Maintenant ils entrent au restaurant avec des gestes d'ogres. Chez le boucher on dirait des carnivores. Chez le crémier, ils sont prêts à téter. Chez le maraîcher, on dirait des lapins. Ils se changeraient en bêtes peu à peu qu'il n'en serait pas autrement. Autrefois ils vous prenaient la main avec déférence, maintenant regardez-les. ils donnent la patte.

CONSTANCE

Cela te gênerait tellement que les hommes devinssent des bêtes ? Moi j'en serais enchantée.

AURÉLIE

Je te vois d'ici. Tu serais belle, en lapine !

CONSTANCE

Pourquoi, en lapine ? Je resterais ce que je suis.

GABRIELLE

Hommes et femmes sont une même race, Constance. Nous changerions avec eux.

CONSTANCE

A quoi cela servirait-il ? Si nous étions jeunes, je comprendrais. Pour la reproduction... Toujours pardon, Gabrielle ! J'ai encore un avenir de vieille femme, pas le moindre de vieille lapine. Je ne vois pas pourquoi d'ailleurs c'est en lapin que serait changé mon mari, s'il vivait encore.

AURÉLIE

Tu ne te rappelles pas ses incisives ? On ne voyait qu'elles.

CONSTANCE

Tu sais bien que je ne me rappelle plus rien d'Octave. N'insiste pas.

AURÉLIE

Quand il grignotait son céleri ?

CONSTANCE

Je ne me rappelle rien d'Octave. Je me rappelle

très bien ma belle-sœur, et le dentier de ma belle-sœur. Les dents de sa jument aussi, qui riait toujours, elle s'appelait Chloé : d'Octave rien. Il y a des jours dans la vie qui sont des bouches d'oubli. Je devais trop penser à lui un de ces jours-là. Je l'y ai laissé tomber. Autant mes souvenirs sont nets sur cette matinée avec le père Lacordaire...

AURÉLIE

Bien sûr... Bien sûr... Je continue...

CONSTANCE

Que veut dire ce bien sûr ? Le père Lacordaire ne m'a pas prise dans ses bras, aux Tuileries, et ne m'a pas embrassée ?

AURÉLIE

Regarde-moi en face, Constance, et dis-nous loyalement, une fois pour toutes, si l'on t'a raconté l'histoire du père Lacordaire, ou si tu en as le souvenir.

CONSTANCE

Tu m'insultes, maintenant !

AURÉLIE

Après, nous te promettons de le croire à nouveau, n'est-ce pas, Gabrielle, mais nous aurons su la vérité !

CONSTANCE

Me dire à moi que mes souvenirs me trompent, c'est comme si je te disais à toi que tes perles sont fausses !

AURÉLIE

Elles le sont. Ou plutôt elles l'étaient. Prends ton beurre !

CONSTANCE

Je ne te parle pas de ce qu'elles ont été, mais de ce qu'elles sont maintenant ? Elles sont vraies, tes perles, oui ou non ?

AURÉLIE

Tu ne vas quand même pas comparer des perles et des souvenirs ! Tout le monde sait que les perles, sur la peau de celle qui les porte, deviennent peu à peu de vraies perles. Mais je n'ai jamais entendu dire qu'un faux souvenir devînt une réalité, même dans le cerveau d'une mule comme toi !

CONSTANCE

Tu deviens un tyran. Aurélie ! Gabrielle a raison. Il y a encore des hommes vraiment hommes. Si tu ne sais pas les voir, laisse-les-nous. Rue de Tournon, un ancien sénateur salue Gabrielle tous les jours.

GABRIELLE

C'est vrai. Il tire une voiture d'enfant vide, et me salue.

AURÉLIE

Ne perdons pas de temps. Je continue. Et tout ce que produisent ces hommes de deuxième ordre est devenu aussi de deuxième ordre. Ils ne fabriquent plus de vraie poudre d'amidon. Mais du talc, à l'américaine. Si je n'avais pas depuis 1914 ma provision, je serais obligée de m'appliquer sur le visage ce qu'on met sur le derrière des enfants. Les fausses dents ne sont plus de vraies dents. C'est du ciment. On nous pave la bouche. L'eau de lavande se tire des boulets Bernot. Et tu penses bien que ce qu'ils font avec leurs produits, ils le font avec leurs sentiments. Ce qu'ils doivent avoir à la place de leur sincérité, de leur foi, de leur générosité, je n'ose même pas me le de-

mander. Et de leur amour ! Je supplie Gabrielle de
ne pas répondre aux avances de son sénateur à la voiture d'enfant. Il a beau être le dernier homme à
chapeau, je frémis à l'idée de ce qu'il lui réserve.

GABRIELLE

Il est plein de tenue, je vous assure... Il met parfois
genou à terre pour me saluer.

AURÉLIE

Justement. Ce sont ensuite les plus déchaînés. Il vous
passera des bottes à l'écuyère et vous chantera à tue-
tête des ordures en dansant le cancan autour de vous.
Si ce n'est pas un de vos jours de surdité, j'en tremble.
Les hommes n'ont plus de tenue. A la terrasse des
cafés, ils réclament des cure-dents. Et ils se les curent,
mes amies. Je les ai vus, ils en tirent du bœuf, de
l'oignon. Pourquoi pas des cure-oreilles ? La tenue
de la rue n'existe plus. Tu n'as plus de pharmacies, tu
as des épiceries. Tu n'as plus d'épiceries, tu as des
déballages. Passe devant le manège Montaigne. Il a
pourtant encore des chevaux. Cela sent la benzine, et
pas le crottin.

CONSTANCE

Je te demande pardon. Les charcutiers ont encore
leurs rideaux à peintures.

GABRIELLE

Ils disparaissent, Constance. Celui de la rue des
Quatre-Vents a disparu. Les douze marcassins tétant
leur mère laie, près de l'étang, sous la lune et sous
l'œil du cerf. Maintenant c'est du velum, avec fes-
tons et initiales du charcutier.

AURÉLIE

Ne vous donnez pas la peine de répondre à Constance, Gabrielle. Elle discutera d'autant plus qu'elle est de notre avis !

CONSTANCE

De quel avis ?

AURÉLIE

Que te fait le droguiste quand tu lui demandes poliment de la vraie poudre d'amidon ?

CONSTANCE

Ce qu'il me fait. Il me met dehors.

AURÉLIE

Quand un enterrement passe, quelles sont les seules personnes du cortège qui te paraissent un peu convenables et dignes ?

CONSTANCE

Celles qui le sont. Les croque-morts...

AURÉLIE

Que te dit le conducteur du tramway si tu es longue à trouver ta monnaie ?

CONSTANCE

Il m'engueule, comme dirait Gabrielle.

GABRIELLE

Oh ! Constance.

AURÉLIE

Pourquoi te barricades-tu dans ta chambre, et obliges-tu tes amies à miauler trois fois avant d'ouvrir ? Entre parenthèses, nous sommes intéressantes, Gabrielle et moi, quand nous allons te voir, à imiter le matou devant ta porte !

ACTE DEUXIÈME

CONSTANCE

Vous n'avez qu'à ne pas miauler toutes deux ensemble. Vous faites un bruit terrible ! Une suffirait largement... Parce qu'il y a des assassins.

AURÉLIE

Je ne vois pas ce qui peut empêcher un assassin de miauler. Mais pourquoi y a-t-il des assassins ?

CONSTANCE

Parce qu'il y a des voleurs...

AURÉLIE

Pourquoi y a-t-il des voleurs ? Pourquoi n'y a-t-il presque plus que des voleurs ?

CONSTANCE

Parce que l'argent est le roi du monde.

AURÉLIE

Enfin. Tu l'as dit. Nous y voilà. Parce que nous sommes dons le règne du Veau d'Or. Vous ne vous doutiez certes pas de cette horreur, Gabrielle ? Les hommes présentement adorent le Veau d'Or.

GABRIELLE

C'est épouvantable... Le savent-ils, en haut lieu ?

AURÉLIE

Tenez-vous bien ! En haut lieu, ils les protègent, mes enfants ! Un jeune homme vient de m'expliquer que les ministres ne trouvent vraies que les paroles de ceux qui ont de l'or. Comme pour les billets de banque. Il faut pour la vérité une encaisse en lingots. Vous comprenez maintenant pourquoi je vous ai convoquées, mes amies. C'est à nous d'agir. Nous ne pouvons plus

101

compter pour ramener le monde à la raison que sur les personnes telles que nous. As-tu un remède. Constance ?

CONSTANCE

Il y a mon remède. On peut l'essayer.

AURÉLIE

Ta lettre au président du Conseil ?

CONSTANCE

Pourquoi pas ? Jusqu'ici il m'a toujours écoutée.

AURÉLIE

Il te répond ?

CONSTANCE

Il n'a pas à me répondre, s'il écoute ce que je lui dis. Nous pouvons l'avertir par pneumatique. C'est par pneumatique que je lui ai signalé que le nonce n'avait pas de Frigidaire. On lui en a livré un dans les deux jours.

AURÉLIE

Il t'a écoutée, quand tu lui as écrit d'annexer le Luxembourg ?

CONSTANCE

J'ai su depuis pourquoi. Il s'était engagé.

AURÉLIE

Il s'est peut-être engagé pour l'or... Vous, Gabrielle, que proposez-vous ?

CONSTANCE

Tu connais Gabrielle. Elle va te proposer de consulter ses voix.

ACTE DEUXIÈME

GABRIELLE

Justement. Je les consulte, et nous nous retrouvons ce soir.

AURÉLIE

Nous n'avons pas le temps et d'ailleurs les voix de Gabrielle n'ont jamais été de vraies voix.

GABRIELLE

Qu'osez-vous dire, Aurélie !

AURÉLIE

D'où viennent-elles en ce moment, vos voix ? Toujours de votre machine à coudre ?

GABRIELLE

De ma bouillotte. J'aime beaucoup mieux. Je n'ai pas à défaire des doublures pour les repiquer. Et elles ne sont pas encourageantes pour le moment. Hier elles me répétaient de lâcher mes serins... Lâchez-les... Lâchez-les... Et ce matin ce qu'elles disaient n'était pas sans rapport avec les confidences d'Aurélie : Paris... Angoisse ! Paris... Angoisse !

CONSTANCE

Vous les avez lâchés ?

GABRIELLE

Ils ne veulent pas sortir de la cage. La porte est ouverte.

AURÉLIE

Je n'appelle pas cela des voix. Les objets parlant, c'est normal. C'est le principe des disques phonographes. Les hommes ont parlé tellement devant eux qu'un écho en sort. Mais de là à leur demander conseil, il y a loin. Nous serions aussi bêtes que ces idiots qui font tourner des tables... Non. La solution est plus simple, et ne dépend que de nous.

CONSTANCE

Evidemment. Si tu nous fais l'honneur de solliciter notre avis, c'est que ta décision est déjà prise !

AURÉLIE

Tu l'as deviné. J'ai mon plan. Il s'agissait de savoir quels étaient les auteurs du mal. Depuis ce matin je le sais.

CONSTANCE

Qui sont-ils ?

AURÉLIE

Peu importe. J'ai leurs noms et leurs titres au complet par le sourd-muet. Il s'agissait ensuite de les réunir tous dans le même lieu.

CONSTANCE

De les rabattre ? Comme du gibier ?

AURÉLIE

Comme un gibier. J'ai toutes leurs adresses, et j'ai trouvé l'appât. Tous ils vont être ici dans un quart d'heure, sans exception !

GABRIELLE

Mon Dieu, qu'allez-vous faire d'eux !

AURÉLIE

C'est pour trancher cette question que vous êtes là, mes amies. Ecoute bien, Constance. Regardez bien, Gabrielle ! Ceux qui affament la terre, qui volent nos boas, qui préparent la guerre, qui touchent des commissions, qui se font nommer aux places sans diplômes, qui corrompent les jeunes gens, vont être ici, réunis dans cette salle. Avons-nous le droit de les supprimer en bloc? Si vous êtes d'accord, j'ai le moyen !

GABRIELLE

De les tuer?

AURÉLIE

De les rayer de ce monde, pour toujours.

CONSTANCE

L'intention est très bonne, mais avons-nous le droit ? Demande d'abord à ton confesseur.

AURÉLIE

L'abbé Bridet m'a dit, un jour où je confessais mon envie de tuer tous les méchants : Ne vous en privez pas, mon enfant. Quand vous serez décidée, je vous prêterai la mâchoire d'âne de Samson.

CONSTANCE

Il a dit cela en l'air. Mets-le au pied du mur. Comment t'arranges-tu ?

AURÉLIE

C'est mon secret.

CONSTANCE

Les tuer, c'est facile. Mais il faut une mort qui n'en laisse pas trace. Même si tu disposais, par des amis, d'un four à plâtre ou d'une piscine d'acide chlorhydrique, ne crois pas d'ailleurs qu'ils s'y laisseront mettre facilement. Il n'y a pas plus douillet que les hommes. Ils vont se débattre comme des diables.

AURÉLIE

Laisse-moi faire.

CONSTANCE

Le pire est que nous risquons en tout cas une amende, quand on s'apercevra de la disparition. Quel dommage que Joséphine ne soit pas là ! Elle est la petite cousine par alliance de l'avocat Lachaud. Elle sait son code par cœur.

AURÉLIE

Personne ne s'en apercevra. Tu cries comme un geai les jours où ton herpès suppure. Est-ce que tu y penses, quand tu ne l'as plus ? Le mal du monde est comme le mal des personnes. On n'y croira plus dès qu'il ne sera plus là. On n'aura plus de varices à l'âme, on n'aura plus de souffle au cœur, on sera bon, décent, honnête, le ciel sera pur, et c'est tout. On ne m'en sera d'ailleurs pas plus reconnaissant que tu ne l'es à l'inventeur de ton baume Herpéfuge. Je suis sûre que tu ne lui as jamais écrit.

GABRIELLE

Réfléchissez bien ! La mort, c'est quelque chose !

AURÉLIE

La mort vaut ce que vaut la vie du mort. La mort d'un vaurien, ce n'est rien.

GABRIELLE

Les marquer au fer rouge, leur couper une oreille, à la rigueur ! Mais les tuer, c'est beaucoup.

AURÉLIE

Vous les marquerez avec quoi ? Avec votre moule à gaufres ? Non, mes amies. Mon remède est le seul, la mort. Es-tu d'accord, Constance ?

CONSTANCE

Une question d'abord. Est-il ici, oui ou non, Gabrielle ?

AURÉLIE

Quelle mouche te pique ?

CONSTANCE

Je demande à Gabrielle si elle voit en ce moment son visiteur.

GABRIELLE

Je ne suis pas autorisée à vous le dire !

CONSTANCE

Vous le voyez. J'en suis certaine. Depuis une minute vous bavardez, vous minaudez. Il n'y gagne pas, je vous assure. Vous êtes autrement séduisante quand vous êtes simple !

AURÉLIE

Qu'est-ce que cela peut te faire, si elle le voit ?

CONSTANCE

Cela me fait que je ne dirai plus mot. Je croyais convenu que dans nos réunions nous serions toujours entre nous et que chacun laisserait ses marottes et ses visites particulières à la maison.

AURÉLIE

Tu amènes bien Dicky ?

CONSTANCE

Où est le rapport ? En tout cas je me refuse à prendre une décision aussi grave et à voter la mort, fût-ce d'une seule personne, devant un tiers qui nous écoute, même s'il n'existe pas.

GABRIELLE

Vous êtes discourtoise, Constance.

AURÉLIE

Est-ce que tu deviens folle ? Est-ce que tu es assez bornée pour croire que, quand nous sommes entre nous, comme tu le dis, nous sommes seules ? Est-ce que tu nous crois assez déshéritées et assez gâteuses pour que, des millions d'êtres en quête de conversation ou d'amitié, illusions ou autres, pas un ne se plaise avec nous... D'ailleurs, tu baisses vraiment dans mon estime, Constance, si tu ne parles pas toujours comme si l'univers entier t'entendait, celui des personnes réelles et des autres. C'est d'une hypocrisie sans bornes.

GABRIELLE

Bravo, Aurélie !

CONSTANCE

Aurélie, tu sais bien...

AURÉLIE

Je sais qu'être entre nous, c'est justement leur faire signe. Leur dire que dans ce tohu-bohu et cette mascarade qu'est le monde, il est du moins un petit cercle où ils seront les bienvenus et tranquilles. Et ils le savent bien, et ils en profitent ! Ce n'est pas tous les jours qu'ils peuvent se payer une vieille toquée pour les amuser avec ses histoires de Dicky. Mais toi tu ne t'en doutes pas. Pour toi nous sommes seules. Des mains touchent nos mains, nos cheveux, bousculent ta perruque, pour toi nous sommes seules. La fenêtre s'ouvre d'elle-même si nous avons trop chaud, je trouve dans le buffet de la crème fraîche que personne n'y a mise, non, nous sommes seules. L'autre jour quand tu as chanté *Colinette*, une voix de bourdon fredonnait le couplet du milieu de l'appartement, non, nous sommes seules !

CONSTANCE

Aurélie, tu sais bien que chez moi...

108

ACTE DEUXIÈME

AURÉLIE

Chez toi, chez toi, mais pas ici ! Toujours ta vanité !
Chez toi évidemment ils se bousculent. Non seulement
tu es visionnaire, mais tu es myope. Tu penses s'ils
s'en donnent ! Ton parquet craque, c'est qu'ils dan-
sent, la Taglioni en tête. Tu vois en chemise de nuit
ton reflet dans l'armoire à glace, c'est Lacordaire. Tu
as oublié un sac de vieux pruneaux dans ton tiroir,
c'est leur cadeau d'anniversaire. Parfois je me demande
vraiment si tu n'es pas de ces femmes à fantômes. Je
regrette que Gabrielle voie son visiteur assister à cette
scène, moi depuis longtemps je n'en pouvais plus,
j'éclate...

GABRIELLE

Il est parti.

AURÉLIE

Voilà, tu es contente. Eh bien, puisque nous voilà
entre nous, réponds ! Es-tu d'accord ?

CONSTANCE

Pourquoi me consultes-tu si tu as pour moi ce mé-
pris ?

AURÉLIE

Tu vas le savoir. Et tu sauras aussi pourquoi c'est
à toi que je donne la meilleure part de tarte, et le
meilleur de mon miel. Tant pis si tu m'en veux. C'est
que, quand tu viens chez moi, ce n'est pas avec Dicky
que je te vois entrer. Ne va pas sourire, je t'assure que
c'est vrai. C'est avec une autre Constance, qui te
ressemble comme une sœur, avec la différence qu'elle
est jeune et belle, et qu'elle ne se met jamais en avant,
et qu'elle s'assied doucement dans l'ombre et me regarde avec tendresse. Inutile de venir le jour où tu
viendras seule. C'est à cette Constance si discrète que

j'offre les gâteaux que tu enfournes, et c'est l'avis de
cet ange que je te demande de me dire par ta voix
de rogomme...

CONSTANCE

Adieu. Je m'en vais.

AURÉLIE

Rassieds-toi. J'ai besoin que l'autre reste...

CONSTANCE

Jamais. Tu es trop injuste. Je l'emmène... Adieu !

IRMA, annonçant.

Mme Joséphine...

GABRIELLE

Nous sommes sauvées !

> Joséphine, la Folle de la Concorde, entre majes-
> tueusement, dans un accoutrement mi-Fallières,
> mi-papal. Charlotte blanche.

JOSÉPHINE

Mes chères amies...

AURÉLIE

Joséphine, tu nous raconteras la sortie de Carnot
une autre fois. Le temps nous presse.

JOSÉPHINE

Justement. Il n'est pas sorti.

AURÉLIE

Comme il a été assassiné à Lyon en juin 1893 par
Caserio, tu risques fort d'attendre.

JOSÉPHINE, qui s'installe.

Si tu crois que je ne le sais pas ! Et en quoi cela

peut-il l'empêcher de sortir ? Caserio, qui a été guillotiné, se promène bien tous les lundis devant Marigny ?

AURÉLIE
Il faut vraiment que nous apprécions ton jugement, Joséphine, pour passer sur tes extravagances et te demander un conseil. Voici la question en deux mots. Ta parenté avec maître Lachaud te donne avantage pour y répondre. Tu tiens réunis dans cette chambre tous les criminels du monde. Tu as les moyens de les faire disparaître pour toujours. En as-tu le droit ?

JOSÉPHINE
Bien sûr. Pourquoi pas ?

AURÉLIE
Bravo !

GABRIELLE
Oh, Joséphine, tant de monde !

JOSÉPHINE
Tant de monde ! C'est là justement l'intérêt de l'entreprise. Quand on détruit, il faut détruire par masse. Voyez les archanges. Voyez les militaires. Vous avez tous les précédents. Sans aller chercher le déluge, moi qui suis de Poitiers, c'est dans cette ville que Charles-Martel a rassemblé tous les Arabes pour défoncer leurs crânes à coups de boules d'armes. Toutes les batailles ont ce principe. Tu rassembles dans le même lieu tous les ennemis, et tu les tues. S'il fallait les tuer individuellement en les cherchant dans leurs familles et leur métier, on se lasserait, on y renoncerait. Des gens se demandent pourquoi l'on a inventé la conscription et le service armé. C'est pour cela. Je n'y avais pas pensé, mais c'est une excellente idée. Je félicite Aurélie.

GABRIELLE

Alors, d'accord.

JOSÉPHINE

Est-ce que tu ne peux pas retarder jusqu'à demain, Aurélie ? Je m'arrangerai pour t'amener aussi le fruitier de la rue du Cirque. Il m'a traitée de sacrement.

AURÉLIE

Je regrette. Tout est prêt.

JOSÉPHINE

Alors il n'y a, avant d'agir, qu'une condition, mais absolue. Ont-ils eu leur avocat ?

AURÉLIE

Leur avocat ?

JOSÉPHINE

La personne qualifiée qui les défende, qui tente de prouver leur innocence. La loi est formelle. Tu ne peux rendre aucun verdict avant que leur avocat ait parlé !

AURÉLIE

Je te jure qu'ils sont coupables !

JOSÉPHINE

Aurélie, tout accusé a le droit de se défendre. Même les animaux. Tu te rappelles le chien de Montargis. Avant le déluge, Dieu a laissé Noé défendre la cause des hommes. Le pauvre bégayait, paraît-il. Tu sais le résultat. Pour Caserio, c'est maître Lebicat qui l'a défendu. Admirablement. Le résultat a d'ailleurs été le même. Tu ne risques donc absolument rien.

ACTE DEUXIÈME

AURÉLIE

Je ne vais pas les alerter ! Le moindre soupçon, et ils s'évanouissent pour toujours !

JOSÉPHINE

Désigne un avocat d'office. Qu'il parle en leur absence. S'il ne te convainc pas, tu les condamnes par contumace !

AURÉLIE

Je ne connais pas d'avocat !

JOSÉPHINE

Maître Lebicat est mort. Il avait avalé sans la voir pendant sa plaidoirie une capsule d'eau d'Evian. Cela te donne une idée de sa fougue. Mais quand j'ai eu ces ennuis pour mon feu de cheminée, je me suis adressée à un nommé Pédouze, qui est agent d'affaires. Il conviendra très bien pour eux. Il m'a fait condamner aux dépens, malgré tous les témoins et le propriétaire lui-même, qui était pour moi. Je peux te le rechercher. Mon arrière-petit-cousin Lachaud a d'ailleurs ses entrées au palais. Il connaît très bien Grévy.

AURÉLIE

Nous n'avons que dix minutes, Joséphine, dix minutes à peine.

CONSTANCE

Et Grévy est mort.

AURÉLIE

Si tu te mets à faire mourir les présidents de la République devant Joséphine, la discussion n'aura plus de fin !

GABRIELLE

Ils arrivent, Joséphine ! Ils arrivent !

JOSÉPHINE

Alors prends pour avocat le premier passant venu.
La défense est comme le baptême. Elle est indispen-
sable, mais n'importe qui peut l'assurer. Même un
bègue, comme je te le disais. L'avocat de Landru était
nain. Quand il a commencé sa plaidoirie, le président Ravelle lui a dit : Maître Bertet, on plaide debout. Landru a bien ri. Demande à Irma de nous
amener quelqu'un.

Irma était entrée.

AURÉLIE

Qu'y a-t-il dans l'avenue, Irma ?

IRMA

Rien que le sergent de ville, Comtesse, et nos amis.
Ils flairent quelque scandale et sont venus pour vous
prêter main-forte.

JOSÉPHINE

Pas le sergent de ville. Il est assermenté. Il ne peut
être à la défense.

GABRIELLE

Ni le sourd-muet, je pense. On pourrait casser le
jugement.

AURÉLIE

Le chiffonnier est là, qui parlait ce matin ?

IRMA

Il est là. Et qui parle encore. On n'entend que
lui.

AURÉLIE

Amène-nous le chiffonnier.

Irma sort.

CONSTANCE

Ce n'est pas dangereux de faire défendre tous ces riches par un chiffonnier ?

JOSÉPHINE

Excellent choix. L'avocat qui défend le mieux l'assassin, c'est celui qui ne tuerait pas une mouche. Celui qui défend le mieux le voleur, c'est le plus honnête. Le défenseur de Soleilland le satyre était maître Perruche. Il était vierge. Il l'a sauvé. On n'a d'acquittement que par eux !

AURÉLIE

Mais il ne faut pas d'acquittement !

JOSÉPHINE

La justice est en marche ! Tu l'as voulu !

> Le chiffonnier entre, accompagné par Irma.
> Apparaissent derrière lui les autres comparses,
> jongleur, marchand de lacets, etc.

LE CHIFFONNIER

Salut, Comtesse, Mesdames, compliments d'usage...

AURÉLIE

Monsieur le chiffonnier, Irma vous a mis au courant ?

LE CHIFFONNIER

Oui, Comtesse. J'ai à défendre l'exploiteur, le banquier.

JOSÉPHINE

Vous les connaissez assez pour les défendre ?

LE CHIFFONNIER

J'ai passé trois ans tous les matins devant la maison de Basile Zaharov. Si je le connais ! Rien que des fleurs dans la poubelle ! Je ne l'ai jamais vu, mais à toutes les fenêtres des jardinières avec des plantes rouges. Si je le connais ! Je ne sais pas leur nom mais je les vois encore.

CONSTANCE

Des géraniums.

LE CHIFFONNIER

C'est bien possible.

CONSTANCE

C'est d'ailleurs à la décharge de tous ces gens trop riches. Ils adorent les fleurs.

LE CHIFFONNIER

Vous croyez ?

JOSÉPHINE

Ne donne pas d'idée à la défense, Constance.

AURÉLIE

Ce n'est pas à contrecœur que vous défendrez ces bandits ?

LE CHIFFONNIER

Je vous propose même un truc, qui simplifiera tout...

AURÉLIE

Dirige les débats, Joséphine.

LE CHIFFONNIER

Au lieu de parler en tant qu'avocat, je parle directement en tant qu'exploiteur. J'ai plus de force. Je suis plus convaincu.

AURÉLIE

Mais pas du tout, pas du tout !

JOSÉPHINE

Très sensé. Accepté.

LE CHIFFONNIER

Qu'est-ce que j'ai, comme fortune ?

AURÉLIE

A vous de fixer. Des milliards.

LE CHIFFONNIER

J'ai volé ? J'ai tué ?

AURÉLIE

Vous en êtes bien capable.

LE CHIFFONNIER

J'ai une femme, une maîtresse ?

AURÉLIE

Les deux, comme eux.

LE CHIFFONNIER

J'aime mieux. Je suis plus à l'aise. Allons-y !

GABRIELLE

Vous prenez du thé, maître ?

LE CHIFFONNIER

C'est bon, le thé ?

CONSTANCE

Pour la voix, excellent. Les Russes ne boivent que du thé. Il n'y a pas plus bavard.

LE CHIFFONNIER

Va pour le thé.

JOSÉPHINE

Vous pouvez approcher, vous autres ! L'audience est publique. Ton timbre, Aurélie...

AURÉLIE

Mais si j'ai à appeler Irma ?

JOSÉPHINE

Irma va rester près de moi. Si tu as besoin d'elle, elle s'appellera elle-même.

Elle sonne le timbre.

Nous vous écoutons, jurez !

LE CHIFFONNIER

Je jure de dire la vérité, toute la vérité, rien que la vérité !

JOSÉPHINE

Qu'est-ce que vous chantez ? Vous n'êtes pas témoin. Vous êtes avocat ! Vous avez le devoir au contraire de recourir à toutes les ruses pour défendre vos clients. Au mensonge. A la calomnie.

LE CHIFFONNIER

Parfait. Entendu. C'est juré.

LE JONGLEUR

Il ne s'en privera pas, Madame. Comme arracheur de dents, je vous le recommande !

LE MARCHAND DE LACETS

Il ment comme il respire. Il a offert le mariage à Irma et il est déjà marié.

LE CHIFFONNIER

Je peux divorcer. Si on ne me demandait pas au greffe quarante-cinq francs de provision...

JOSÉPHINE timbre.

Taisez-vous !

LE CHIFFONNIER

Si quelqu'un a pourtant droit à l'assistance judiciaire...

JOSÉPHINE

On vous écoute...

LE CHIFFONNIER

Mesdames, devant l'auditoire d'élégance et d'élite...

JOSÉPHINE

Pas de flagornerie. Qu'avez-vous, Gabrielle ?

GABRIELLE

Et saint Yves ? Il n'invoque pas d'abord saint Yves ?

LE CHIFFONNIER

Que j'invoque saint Yves ?

GABRIELLE

Le patron des avocats. Lisez sa vie. Vous risquez la paralysie de la langue.

LE JONGLEUR

Celui-là ne risque rien, Madame.

JOSÉPHINE

Au palais l'invocation est facultative, Gabrielle. Questionne, Aurélie.

AURÉLIE

Monsieur le Chiffonnier. Oh ! pardon. Je vous appelle président, n'est-ce pas ? C'est le nom générique.

LE CHIFFONNIER

A vos ordres, Comtesse...

AURÉLIE

Président, vous savez de quoi l'on vous accuse?

LE CHIFFONNIER

Pas du tout. Ma vie est intègre, mes mœurs sont pures, mes mains sont nettes.

LE MARCHAND DE LACETS

Rien dans les mains. Rien dans les poches. C'est tout lui.

AURÉLIE

Vous mentez effrontément.

CONSTANCE

Tu ne vas quand même pas l'insulter. Il ment pour t'obéir.

AURÉLIE

Tais-toi. Tu ne comprends donc rien... On vous accuse d'adorer l'argent...

LE CHIFFONNIER

D'adorer l'argent! Ah! mon Dieu! J'adore l'orgie, je m'y plonge, j'adore les casinos, j'adore les géraniums, mais pas l'argent.

AURÉLIE

Les géraniums! Tu vois ta bêtise, Constance. Avec tes fleurs tu lui fournis les circonstances atténuantes!

JOSÉPHINE

Pas de faux-fuyants. Répondez.

ACTE DEUXIÈME

LE CHIFFONNIER

Sûrement je vais répondre. Mesdames, devant l'auditoire d'élégance et d'élite...

AURÉLIE

Adorez-vous l'argent ? Oui, ou non !

LE CHIFFONNIER

L'argent, Comtesse ? Mais c'est lui, hélas ! qui m'adore. C'est lui qui est venu me chercher au sein d'une honorable famille du Pré-Saint-Gervais en me faisant trouver dans une poubelle un lingot d'or de dix kilos. Je ne l'y cherchais pas, je vous assure. De vieilles semelles auraient mieux fait mon affaire. C'est lui, quand j'ai acheté avec ce lingot la ceinture de Kremlin-Bicêtre, qui a fait monter mes terrains de cinq francs à quatre mille. C'est lui, quand je les ai revendus, qui m'a fait acheter les sucreries du Nord, le Bon-Marché et le Creusot. L'argent, c'est le vol, la combine, je les déteste, je ne mange pas ce pain-là, mais c'est lui qui m'aime. Il faut croire que j'ai les qualités qui l'attirent. Il n'aime pas la distinction, je suis vulgaire. Il n'aime pas l'intelligence, je suis idiot. Il n'aime pas les passionnés, je suis égoïste. Aussi il ne m'a plus lâché jusqu'à mes quarante milliards. Il ne me lâchera plus jamais. Je suis le riche idéal. Je n'en suis pas plus fier, mais j'en suis là.

AURÉLIE

Parfait, chiffonnier. Vous avez compris...

LE CHIFFONNIER

Les pauvres sont responsables de leur pauvreté. Qu'ils en subissent les conséquences. Mais pas les riches de leur richesse !

AURÉLIE

Vous y êtes, continuez... Un peu plus, et vous êtes parfaitement ignoble... Et si vous avez honte de cet argent, président, pourquoi le gardez-vous ?

LE CHIFFONNIER

Moi ! Je le garde ?

LE JONGLEUR

Et comment ! Tu n'es pas fichu de donner deux sous au sourd-muet !

LE CHIFFONNIER

Moi, je le garde ! Quelle erreur ! Et quelle injustice ! Quelle honte de m'entendre ainsi accuser devant cet auditoire d'élégance et d'élite ! Mais, Comtesse, au contraire ! Je passe ma journée à essayer de m'en débarrasser ! J'ai une paire de souliers jaunes, j'en achète une noire ! J'ai un vélo, j'achète une auto. J'ai une femme...

JOSÉPHINE

Au fait !

LE CHIFFONNIER

Je me lève avant le petit jour pour aller déposer des dons en espèces au fond de chaque poubelle. J'ai des témoins. On n'a qu'à me suivre. Je fais venir des fleurs de Java, où on les cueille à dos d'éléphant. Et qu'on ne les abîme pas, ou je mets à pied les cornacs C'est de ne pas avoir d'argent qui est difficile, pour nous autres riches ! Il ne nous lâche plus. Je joue un outsider, il gagne de vingt longueurs. Je prends un billet, je le choisis avec les mauvais chiffres, c'est lui qui sort. Et il en est pour mes pierres précieuses comme pour mon or. Chaque fois que je jette un diamant dans la Seine, je le retrouve dans le gar-

don que me servent mes maîtres d'hôtel. Dix diamants,
dix gardons. Ce n'est pas en donnant deux sous au
sourd-muet que je me débarrasserai de mes quarante
milliards ! Alors, où est mon crime ?

CONSTANCE

En cela, il n'a pas tort.

LE CHIFFONNIER

N'est-ce pas, ma petite dame. En voilà une au
moins qui comprend ! Je vous enverrai une gerbe dès
que je serai acquitté. Quelles fleurs préférez-vous ?

CONSTANCE

Les roses.

LE CHIFFONNIER

Je vous en enverrai une botte tous les jours pendant
cinq ans. Mes moyens me le permettent.

CONSTANCE

Et les amaryllis.

LE CHIFFONNIER

C'est comme moi... J'alternerai. Je note le nom.

LE MARCHAND DE LACETS

Il ment effrontément avec ses fleurs. Il les déteste.

JOSÉPHINE

N'interrompez pas le débat. Il les déteste comme
chiffonnier. Il les aime comme exploiteur.

LE MARCHAND DE LACETS

Non. Mais c'est pour vous dire le type.

LE CHIFFONNIER

Oui, elle a raison, la petite dame. Je lui donnerais

vingt sous, au sourd-muet, vingt francs, vingt millions..., vous voyez, j'y vais carrément, que je ne me débarrasserais pas de quarante fois mille millions, n'est-ce pas, Madame? Les pauvres d'ailleurs le comprennent très bien. Ce matin j'ai repris cent francs au chiffonnier qui les avait trouvés sous ma table. Il s'est laissé faire. C'est qu'il a compris.

LE MARCHAND DE LACETS

C'est qu'il est un rude crétin.

LE CHIFFONNIER

Pas de mal des chiffonniers, je vous prie. Je ne suis pas là pour les défendre. Mais si l'on savait quels trésors d'invention généreuse, d'intelligence loyale, de courage incompris...

LE JONGLEUR

De propreté annuelle. Il sent d'ici, Madame.

JOSÉPHINE

Silence. Au fait, Président.

LE CHIFFONNIER

J'y arrive. Si je joue à la Bourse...

AURÉLIE

En effet. Parlons de la Bourse. Pourquoi avez-vous vendu les actions du Bas-Amazone à mille pour les descendre à trente-trois en huit jours?

LE CHIFFONNIER

Toujours pour la même raison. Pour vous faire plaisir, Comtesse. C'est mon objet dans la vie. Plaire aux dames. Pour débarrasser de l'argent ceux qui en ont.

AURÉLIE

Sur ce point vous avez réussi. Mais je suis sûre que vous les avez toutes rachetées à trente-trois et qu'elles sont remontées à mille.

LE CHIFFONNIER

A vingt mille. C'est avec ça que j'ai acheté mon château de Chenonceaux et ma roseraie de Bourg-la-Reine...

LE CHANTEUR

Ton fumier !

LE CHIFFONNIER

Avec ça que je subventionne le Ritz. Avec ça que j'entretiens mes douze danseuses.

AURÉLIE

Vous êtes un triste personnage, président. J'espère qu'elles vous trompent toutes les douze !

LE CHIFFONNIER

Erreur, erreur ! Quand trompe-t-on quelqu'un ? Quand on le quitte pour ce qui n'est pas lui. Je possède tout l'Opéra. Mes douze danseuses peuvent me tromper avec douze danseurs, avec l'administrateur général, avec les machinistes, avec le cor anglais. Je les possède eux aussi. C'est comme si elles me trompaient avec moi-même. Cela ne me fait ni chaud ni froid !

AURÉLIE

Quelle ignominie ! J'espère que vous n'entendez pas, Gabrielle ?

GABRIELLE

Quoi donc ?

AURÉLIE

Qu'il se réjouit d'être trompé par ses danseuses. D'ailleurs on voit à sa mine qu'il n'a pas que ces douze-là.

LE CHIFFONNIER

J'ai toutes les femmes. Avec l'argent on a toutes les femmes, les personnes présentes exceptées. Les maigres avec du foie gras, les grasses avec des perles. J'enveloppe de vison la rétive, et en se débattant elle trouve bien le moyen d'enfiler les manches. A celle qui marche vite, je crie par-derrière qu'elle aura sa Rolls-Royce, et elle ne va plus qu'à petits pas. Juste un pied devant l'autre. Un rudement petit pied. Il n'y a plus qu'à la cueillir.

LE MARCHAND DE LACETS

Quelle crapule !

LE CHIFFONNIER

Toutes sans exception ! Y compris Irma !

LE JONGLEUR

Prends garde. Irma t'a déjà botté comme chiffonnier !

LE CHIFFONNIER

Elle me mangera comme milliardaire !

AURÉLIE

Eh bien ! hésitez-vous encore, Gabrielle ? Il est cynique ! Voilà où mène l'argent !

GABRIELLE

En effet, c'est épouvantable !

LE CHIFFONNIER

Voilà où l'argent mène, et que lui reprochez-vous ?

Il est l'honnêteté. Ceux qui n'ont pas d'argent et qui fondent des affaires, ce sont des agents véreux. Si l'on appelle véreux l'homme d'affaires qui n'a pas d'argent, c'est que l'argent est une qualité et pas un vice. Avec l'argent dans une affaire, les ouvriers touchent, le matériau est solide. Je prends les maisons de conserve. Si la maison a des capitaux au départ, pas une vieille boîte qui ne puisse resservir. Même celles de thon, qu'on ouvre à la cisaille. Elle les rachète au chiffonnier à prix d'or !

AURÉLIE

Et le pétrole ? Depuis le début de la séance, vous évitez de parler du pétrole ?

LE CHIFFONNIER

Je ne parle pas du pétrole, comme je ne parle pas de la houille, du coton, de la banane. Tout cela est à moi. Je n'aime pas parler de moi. Comme je ne parle pas du caoutchouc. Car ce que j'ai dit des vieilles boîtes de conserve, je le dis aussi des vieilles chambres à air. Si elles sortent d'une maison riche, elles vous rendent encore des services incroyables ! Aux sports : pour les baigneurs de la Marne. A la nation : pour les ronds-de-cuir des fonctionnaires. A l'amour : pour les corsets. Ah ! mes amis. Il n'y a qu'à voir la gueule d'un billet de dix francs à côté de deux pièces de cent sous pour comprendre l'argent. Vous êtes tous de mon avis, et vous aussi, les dames, ou vous me la faites en large ! Vive l'argent, camarades ! Je bois mon thé à sa santé... Dieu, que c'est mauvais !

AURÉLIE

Vos projets, si vous trouvez dans Chaillot le pétrole que vous cherchez ?

LE CHIFFONNIER

J'achète le château de Chambord. C'est plus spacieux. J'entretiens en supplément les danseuses de l'Opéra-Comique. Ce sera plus gai. Je n'ai que des chevaux de plat. J'achète des chevaux d'obstacle. Je n'ai que des tableaux sur toile, j'en achète sur bois, j'en achète sur marbre, c'est plus solide. J'achète Irma !

JOSÉPHINE

Qu'as-tu à t'agiter, Constance ?

AURÉLIE

Tu as à questionner cet ignoble individu ?

CONSTANCE

Oui, je voudrais savoir comment on fait ressouder les boîtes de conserve vides. J'en ai justement deux.

LE CHIFFONNIER

Vous me les donnerez. Je vous ferai ça à l'autogène.

JOSÉPHINE

Constance, attends la fin du débat. Tu es exclue de la discussion. L'accusé t'a achetée avec ses fleurs.

LE JONGLEUR

Et il n'y connaît rien, Madame. Demandez-lui le nom de celle que vous avez au corsage. Il ne vous le dira pas.

AURÉLIE

Excellente idée. Nous allons juger de sa bonne foi ! Approche, Sibylle.

> La fleuriste approche.

Montre-lui tes fleurs, l'une après l'autre. S'il rate un nom, n'est-ce pas, notre siège est fait ?

SIBYLLE

Celle-là ?

ACTE DEUXIÈME

LE CHIFFONNIER

Merci, belle enfant !

SIBYLLE

Ne la prenez pas ! Son nom !

LE JONGLEUR

Son nom !

LE CHIFFONNIER

Jamais, je m'y refuse ! Me demander le nom d'une fleur, c'est comme si vous me demandiez le nom d'une de mes danseuses. Elles sont mes danseuses. Et c'est tout. Je la respire. Je l'embrasse. C'est ma danseuse. C'est ma fleur ! Je me fiche de son nom !

LE MARCHAND DE LACETS

Quelle arsouille !

AURÉLIE

La cause me semble entendue, n'est-ce pas, mes amis ? Vous êtes témoins. Il ne sait même pas le nom du camélia. L'argent est bien le mal du monde !

Brouhaha hostile à l'avocat.

Tu mets aux voix, Joséphine ?

LE CHIFFONNIER

Comment entendue ! Je suis membre des deux cents familles ! Jamais cause n'est entendue pour un membre des deux cents familles !...

JOSÉPHINE

Je vous ordonne de vous taire. Notre siège est fait.

LE CHIFFONNIER

Pas d'ordre qui vaille pour les membres des deux

cents familles ! Et pas de lois ! Vous ne les connaissez pas ! Les Durand pêchent à la cartouche la nuit. Les Duval se baignent sans caleçon en été, hommes et femmes, et si ça leur plaît, dans les bassins de la Concorde. Pour l'agent qui verbalise les Mallet s'ils manquent de plaque à leur tandem, c'est la révocation. Et j'en passe. Au football, pas un gardien de but qui ose arrêter les Boyer. Les membres des deux cents familles peuvent tourner le derrière, Mesdames, on leur sourit et on les embrasse comme s'ils étaient de face. On l'embrasse. Ils n'en sont pas plus fiers, mais les lécheurs l'exigent. C'est pour cela que je veux épouser Irma. Elle en est aussi. C'est une Lambert. Tu verras nos enfants, Irma. Pas besoin de leur faire toilette. Les lécheurs seront là.

Il a saisi Irma. Les autres s'approchent.

Touchez un seul de mes cheveux, vous autres. Vous verrez ce que c'est que les lettres de cachet, et les galères à rame, et les masques de fer. Les deux cents ne sont pas méchants. Quand on l'attaque, il se défend. C'est sa devise. Avis aux dompteurs et dompteuses.

LE MARCHAND DE LACETS

Et gare aux poux !

AURÉLIE

C'est du chantage ?

LE CHIFFONNIER

Non. Mais je vous préviens.

AURÉLIE

C'est du chantage. Tu n'entends pas, Joséphine ?

JOSÉPHINE

Et de l'insulte au tribunal. Je lève la séance. D'autant que j'ai à voir passer aux Champs-Elysées quelqu'un qui n'attend pas...

AURÉLIE

Cela suffit, sinistre individu. S'il était des hésitants, vos discours ont levé tout scrupule. Tu le défends, toi, naturellement ?

CONSTANCE

S'il est bien avec les Mallet, je te l'abandonne. Les Mallet n'ont jamais répondu au faire-part de mariage de ma tante Beaumont.

AURÉLIE

Ainsi vous me donnez pleins pouvoirs sur tous les exploiteurs, mes amis ?

Cris d'approbation.

Je peux les ruiner ?

Cris d'approbation.

Je peux les éliminer de ce monde ?

Cris d'approbation.

Parfait. Je serai digne de votre confiance. Et vous, mon brave chiffonnier, merci. Vous avez été vraiment impartial.

LE CHIFFONNIER

Si je l'avais su plus tôt, je me serais payé, pour voir, un verre chez Maxim. J'ai dû avoir des manques.

JOSÉPHINE

Pas du tout. C'était frappant de ressemblance, et vous avez la voix de Berryer, en plus sonore. Bel avenir ! Adieu, monsieur le Chiffonnier. Au revoir, Aurélie. Tue-les bien tous. J'emmène cette petite Ga-

brielle jusqu'au pont Alexandre. Comment rejoins-tu
Passy, Constance ?

CONSTANCE

A pied. Par les quais. Ah ! te voilà, toi ? Et l'oreille
en sang. Tu te bats maintenant ? Et avec un danois
sûrement. Il les déteste !

AURÉLIE

Tu vois, Dicky a été moins bête que toi. Il est revenu. Vous l'accompagnez, monsieur le Chiffonnier ?
Elle perd tout en chemin. Et à contresens. Son missel
au marché. Son cache-corset à l'église.

LE CHIFFONNIER

Très honoré. J'en profiterai pour prendre la boîte de
conserve...

LE CHANTEUR, intervenant.

Comtesse, vous m'aviez promis... Puisque Mme Constance est là...

AURÉLIE

Vous avez raison... Constance !... Vous, chantez !

Constance s'arrête.

LE CHANTEUR

Que je chante ?

AURÉLIE

Pressez-vous. Mon temps est précieux.

LE CHANTEUR

A vos ordres, Comtesse...

Il chante.

Entends-tu le signal
De l'orchestre infernal ! } bis

ACTE DEUXIÈME

CONSTANCE

Mais c'est la *Belle Polonaise* !

Elle chante.

Belle, permets que j'enlace,
Avec grâce
Plein d'audace !...

LE CHANTEUR

Je suis sauvé !...

JOSÉPHINE, qui reparaît, continuant la chanson.

Cette taille aux contours
Sculptés par les amours !

AURÉLIE

Elles la savent toutes ! Vous avez de la chance, chanteur.

GABRIELLE qui reparaît, elle aussi, et qui reprend le refrain avec les deux autres et le chanteur.

Pour mazurker tous les deux plus à l'aise
Serrons-nous bien, ma belle Polonaise !
Sautillonnons en toupie hollandaise
Sautons hop-là !
Le bonheur le voilà !
Frapper le sol en cadence
Blonde Lodoiska,
On se grise quand on danse
Un air de mazurka !

JOSÉPHINE

C'est la plus belle fin de procès que j'aie vue de ma vie !

IRMA, survenant.

Les voici, Comtesse. Partez tous, vous autres !

Ils partent affolés.

LE CHIFFONNIER

Au revoir, Irma. Au revoir, mon cœur. Le temps d'acheter les visons, et je reviens !

> Irma reste seule avec la Folle.

IRMA

Ils ne viennent pas encore, Comtesse. Mais il faut déblayer. C'est l'heure de votre sieste. Dormez une minute. Je surveille leur arrivée et vous préviens.

LA FOLLE

Le bon coussin !

IRMA

Je déteste la paille. J'adore la plume.

> La Folle s'endort. Irma sort sur la pointe des pieds. Pierre entre, le boa sur le bras. Il regarde avec émotion la Folle, s'agenouille devant elle, lui prend les mains.

LA FOLLE, toujours yeux fermés.

C'est toi, Adolphe Bertaut ?

PIERRE

C'est Pierre, Madame.

LA FOLLE

Ne mens pas. Ce sont tes mains. Pourquoi compliques-tu toujours ? Avoue que c'est toi.

PIERRE

Oui, Madame.

LA FOLLE

Cela te tordrait la bouche de m'appeler Aurélie ?

PIERRE

C'est moi, Aurélie.

134

ACTE DEUXIÈME

LA FOLLE

Pourquoi m'as-tu quittée, Adolphe Bertaut ? Elle était si belle, cette Georgette ?

PIERRE

Mille fois moins belle que vous...

LA FOLLE

C'est son esprit qui t'attirait ?

PIERRE

Elle était bête.

LA FOLLE

Son âme alors ? Sa transparence en ce bas monde ? Tu voyais au travers de ta Georgette ?

PIERRE

Certes non.

LA FOLLE

C'est bien ce que je pensais ! C'est bien ce que font tous les hommes ! Ils vous aiment parce que vous êtes bonne, spirituelle, transparente, et, dès qu'ils en ont l'occasion, ils vous quittent pour une femme laide, terne, et opaque. Pourquoi, Adolphe Bertaut ! Pourquoi !

PIERRE

Pourquoi, Aurélie !

LA FOLLE

Elle n'était pas très riche non plus. Quand je t'ai revu à ce marché et que tu m'as pris sous le nez le seul melon, tu montrais des manchettes bien élimées, mon pauvre ami !

PIERRE

Oui. Elle était pauvre.

LA FOLLE

Pourquoi « elle était » ? Elle est morte ? Si c'est parce qu'elle est morte que tu reviens, tu peux repartir ! Je ne veux pas de ce que la mort daigne me laisser. Je ne veux pas t'hériter d'elle.

PIERRE

Elle va très bien.

LA FOLLE

Elles sont toujours jeunes, fermes, tes mains. C'est la seule part de toi qui me soit demeurée fidèle. Tout le reste est bien décati; pauvre Adolphe. Je comprends que tu n'oses m'approcher que lorsque j'ai les yeux fermés ! Et c'est bien fait.

PIERRE

Oui. J'ai vieilli.

LA FOLLE

Moi pas. Tu as vieilli comme tous ceux qui renient des souvenirs, qui piétinent leurs anciennes traces. Je suis sûre que tu as revu le parc de Colombes, avec cette Georgette ?...

PIERRE

Il n'y a plus de parc de Colombes.

LA FOLLE

Tant mieux. Est-ce qu'il y a encore un parc de Saint-Cloud, un parc de Versailles ? Je n'y suis jamais retournée. S'il y avait une justice, les arbres en seraient partis d'eux-mêmes, le jour où tu y es revenu avec Georgette !

136

ACTE DEUXIÈME

PIERRE

Ils ont fait leur possible. Beaucoup sont morts.

LA FOLLE

Tu es retourné avec elle au Vaudeville, entendre *Denise* ?

PIERRE

Il n'y a plus de Vaudeville. Lui vous a été fidèle.

LA FOLLE

Je n'ai jamais repris le tournant de la rue Bizet parce que je l'avais pris à ton bras, le soir où nous revenions de *Denise*. Je fais le tour par la place des Etats-Unis. C'est dur, l'hiver, par le gel. Je tombe toujours une ou deux fois.

PIERRE

Chère Aurélie... Pardon !

LA FOLLE

Non ! Je ne te pardonnerai pas. Tu as mené Georgette partout où nous sommes allés, à Bullier, à l'Hippodrome ! Tu l'as menée à la Galerie des Machines voir le portrait de Mac-Mahon en acier chromé !

PIERRE

Je vous assure.

LA FOLLE

N'assure rien ! Tu lui as fait graver des cartes chez Stern ! Tu lui as acheté des chocolats chez Gouache ! Et il n'en reste rien, n'est-ce pas ? Moi j'ai encore toutes mes cartes. A part celle que j'ai envoyée au général Boulanger. J'ai encore douze chocolats ! Je ne te pardonnerai pas.

PIERRE

Je vous aimais, Aurélie.

LA FOLLE

Tu m'aimais ! Est-ce que tu es mort, toi aussi ?

PIERRE

Je vous aime, Aurélie.

LA FOLLE

De cela je suis sûre. Tu m'aimes. C'est ce qui m'a
consolée de ton départ. Il est dans les bras de Georgette à Bullier, mais il m'aime. Il va voir *Denise* avec
Georgette, mais il m'aime. Et toi tu ne l'aimais pas,
c'est évident ! Je n'ai jamais cru ceux qui ont raconté
que Georgette était partie avec l'orthopédiste. Tu ne
l'aimais pas, donc elle est restée. Et quand elle est
revenue, et qu'on m'a dit son nouveau départ avec
l'arpenteur, je ne l'ai pas cru davantage. Tu ne te débarrasseras jamais d'elle, Adolphe Bertaut, car tu ne
l'aimes pas... Ce sera ta punition.

PIERRE

Ne m'oubliez pas. Aimez-moi.

LA FOLLE

Et maintenant, adieu... Je sais ce que je voulais savoir. Passe mes mains au petit Pierre. Je l'ai tenu hier.
A son tour aujourd'hui... Va-t'en !

> Pierre a retiré ses mains, puis repris les mains
> de la Folle. Un silence. Elle ouvre les yeux.

LA FOLLE

C'est vous, Pierre ! Ah ! tant mieux. Il n'est plus
ici ?

PIERRE

Non, Madame.

LA FOLLE

Je ne l'ai **même** pas entendu partir... Oh ! pour partir, il sait partir, celui-là. Dieu, mon boa !

PIERRE

Je l'ai retrouvé dans l'armoire à glace, Madame.

LA FOLLE

Avec un sac à commissions en peluche mauve ?

PIERRE

Oui, Madame.

LA FOLLE

Avec une petite mercerie ?

PIERRE

Non, Madame.

LA FOLLE

Ils ont peur, Pierre. Ils tremblent de peur ! Ils me rapportent tout ce qu'ils m'ont volé ! Je n'ouvre jamais l'armoire à glace, à cause de cette vieille femme, mais je vois ce qu'elle contient à travers la glace. Hier encore elle était vide ! Ils ont voulu m'apaiser. Mais qu'ils s'y prennent mal ! Ce à quoi je tiens le plus, c'est ma mercerie, c'est ce qu'ils m'ont volé dans mon **enfance**... Vous êtes sûr qu'ils ne l'ont pas rapportée ?

PIERRE

Comment est-elle ?

LA FOLLE

Un carton vert soutaché d'or, avec des fenêtres go-

thiques à papier dentelle pour les perles et les cane-
vas. On me l'avait donnée à Noël, quand j'avais sept
ans. et ils me l'ont volée le lendemain. Jusqu'à huit
ans, j'ai bien pleuré.

PIERRE

Elle n'est pas dans l'armoire, Madame.

LA FOLLE

Le dé était doré. J'ai juré de n'en avoir jamais
d'autre. Regardez mes pauvres doigts !

PIERRE

Ils l'ont gardé aussi.

LA FOLLE

J'en suis ravie. Cela me rend toute liberté. Merci
pour le boa. Pierre ! Passez-le-moi. Il faut qu'ils le
voient à mon cou... Ils croiront voir un vrai boa !...

Irma entre, agitée, portant une carafe d'eau et des
verres.

IRMA

Les voilà, Comtesse ! Ils arrivent par monomes !
L'avenue est pleine !

LA FOLLE

Laissez-moi seule, Pierre. Je n'ai rien à craindre.
Irma, tu as bien versé un peu de pétrole dans la carafe ?

IRMA

Oui, Comtesse, et je vais leur dire que vous êtes
sourde, comme vous me l'avez demandé.

Une fois seule, la Folle appuie trois fois sur la
plinthe et le pan du mur s'ouvre. On aperçoit
l'entrée du souterrain. Irma annonce.

ACTE DEUXIÈME

IRMA

Messieurs les présidents des conseils d'administration !

> Ils entrent conduits par le président du premier
> acte. Moustaches en virgules. Complets prince
> de Galles. Cigares.

IRMA

La Comtesse est très dure d'oreille, messieurs. Parlez très fort !

LE PRÉSIDENT

Merci de votre appel, madame.

UN PRÉSIDENT

La vieille est sourde. Crie.

LE PRÉSIDENT, criant.

Hier, à ce café, un je ne sais quoi m'a dit que nous nous reverrions.

LA FOLLE

A moi aussi.

LE PRÉSIDENT, criant.

Voulez-vous, je vous prie, signer ce papier ?

LA FOLLE

Qu'est-ce que c'est ? Je n'ai pas mes lunettes.

LE PRÉSIDENT, criant.

C'est le contrat par lequel vous êtes associée à nous pour tous les bénéfices, suivant le barème en vigueur.

LA FOLLE

Parfait.

> Elle signe.

141

UN PRÉSIDENT

Qu'est-ce que c'est ?

LE PRÉSIDENT

C'est le papier par lequel elle se désiste de tout à notre profit.

Il crie.

Et voici votre commission, madame. Si vous avez la bonté de nous dire où se trouve la source, ce paquet est à vous.

LA FOLLE

Qu'est-ce que c'est ?

LE PRÉSIDENT, criant.

Un kilo d'or.

LA FOLLE

Parfait.

UN PRÉSIDENT

Qu'est-ce que c'est ?

LE PRÉSIDENT

Un kilo de plomb doré. Nous le reprendrons à la sortie.

LA FOLLE

Voilà. C'est au fond. Descendez.

Un des présidents a essayé de descendre le premier.

LE PRÉSIDENT

Eh là-bas ! Président ! Pas de cavalier seul. Derrière moi, et en file... Vos cigares, présidents !

Ils éteignent les cigares. Ils approchent du gouffre.

ACTE DEUXIÈME

LA FOLLE

Une seconde. Aucun de vous n'a sur soi une petite mercerie ?

LE PRÉSIDENT

Pas moi...

> *Il rattrape un autre président qui profite de l'incident pour passer le premier.*

A votre tour, Président.

LES PRÉSIDENTS

Pas nous.

LA FOLLE

Ni un dé doré, par hasard ?

LES PRÉSIDENTS

Pas le moindre.

LA FOLLE

Le sort en est jeté ! Allez !

> *Ils descendent dans la terre.*

IRMA

Messieurs les Prospecteurs des Syndicats d'Exploitation ! Mme la Comtesse est très sourde, messieurs.

> *Elle sort. Les messieurs entrent. Tenues bigarrées. Cigares. Au cours de la scène, le Président goûte l'eau de la carafe, a un sursaut de joie, fait signe à ses compagnons de boire aussi. Tous rotent, mais jubilent.*

LE PROSPECTEUR, criant.

Pétrole ?

LA FOLLE

Pétrole.

LE PROSPECTEUR

Traces ? Suintements ?

LA FOLLE

Jets. Nappes. Inondation.

Grande euphorie chez ces messieurs.

LE PROSPECTEUR

Odeur sui generis ?

LA FOLLE

Parfum.

LE PROSPECTEUR

Chien mouillé, cuir mouillé ?

LA FOLLE

Non. Encens.

LE PROSPECTEUR

C'est du Kirkik, mes amis ! L'essence la plus rare.
Comment découvert ? Pompage ? Forage ?

LA FOLLE

Avec le doigt.

LE PROSPECTEUR

Voulez-vous signer ce papier ?

LA FOLLE

Qu'est-ce que c'est ?

LE PROSPECTEUR

Notre engagement à partager entre nous les obli-
gations.

LA FOLLE

Voilà.

UN PROSPECTEUR
Qu'est-ce que c'est ?

LE PROSPECTEUR, de sa voix naturelle.
De quoi l'enfermer comme folle. La maison de santé est prévenue. Dès notre sortie je téléphone pour l'ambulance... C'est ici ?

LA FOLLE
C'est ici.

Ils descendent dans la terre.

IRMA
Messieurs les représentants du peuple affectés aux intérêts pétrolifères de la nation.

Elle sort. Ils entrent. Barbus. Ventrus. Moustachus. Surtout familiers. Cigares.

L'UN
Oh ! oh ! Cela sent le pétrole ici !

LE SECOND
Un peu trop. Je dîne avec Rolande. Elle déteste cette odeur. Ne moisissons pas.

LE TROISIÈME
Tu en es sûr ? Lucienne a dit à Mimi qu'elle dînait avec Rolande.

LE SECOND
Je dîne avec Mimi et Rolande. Si tu veux venir avec Lucienne, fais signe à Loulou.

LE QUATRIÈME
Tu aurais pu nous le dire plus tôt. Je dîne avec Jeannine, qui amène Mado. Elle est libre, Minouche dîne chez Paula.

LE CINQUIÈME

Jeannine prend l'apéritif avec Yvette. Tu n'as qu'à téléphoner à Raymonde de lui faire téléphoner par Régina.

> Ils sont de plus en plus barbus, moustachus, familiers, ventrus.

L'UN

Madame, quand la visite du gisement peut-elle avoir lieu ?

LA FOLLE

Immédiatement. Par cet escalier.

LE CINQUIÈME

Est-ce bien urgent, mes amis ? Il est trois heures passées. Si nous sommes en retard nous ratons Olga, qui prend le thé au Moulin de Garches avec Georgette. Tu la connais. Elle ne me pardonnera pas.

LA FOLLE

Georgette ! Pauvre Adolphe !

L'UN

Nous avons la commission des naphtes à six heures. Il y a nos jetons de première participation à fixer. La nation avant tout. J'ai déjà rédigé un rapport enthousiaste mais le premier imbécile peut demander si nous avons vu le gisement. D'autant que je pourrai dicter le rapport à Alberte cet après-midi. C'est commode : elle habite chez Dolorès, qui a sous-loué à Esther.

LE SECOND

Ne pourrions-nous avoir votre signature sans descendre, Madame ?

LA FOLLE

Impossible.

146

ACTE DEUXIÈME

LE TROISIÈME

Alors descendons. Une minute suffira, comme dit
Mémène. Une minute suffira, Madame ?

LA FOLLE

Pleinement.

> Comme ils vont descendre, la fleuriste entre avec
> sa corbeille.

L'UN

Regardez le trésor que je trouve dans l'escalier.

LA FLEURISTE

Des fleurs, Messieurs ?

L'AUTRE

Toutes tes fleurs ! Ton nom, belle enfant ?

LA FLEURISTE

Je m'appelle Sybille.

L'AUTRE

Quel joli nom ! Les amis, Bibi nous offre des fleurs.

> Ils se fleurissent et descendent dans l'abîme.

IRMA

Messieurs les syndics de la Presse publicitaire.

> Ils entrent. Grands, petits, osseux, gras.

IRMA

Mme la Comtesse est très sourde.

LE SYNDIC

Elle a de la chance. Elle connaîtrait toutes les va-
riétés du mot dromadaire...

Il crie.

Je dépose à vos pieds mes hommages les plus parfaitement distingués, Madame.

LE DIRECTEUR
C'est vraiment Dante aux enfers...

Il crie.

L'expression de ma profonde et hautement masculine admiration, Comtesse.

LE SECRÉTAIRE GÉNÉRAL
Le Prix Goncourt des Sorcières est gagné...

Il crie.

Je baise respectueusement vos mains de déesse, adorable personne.

LE SYNDIC
Nous sommes bien d'accord ? Nous n'allons pas accorder à cette vieille chèvre la ristourne habituelle de trente pour cent ?

LE DIRECTEUR
Bien sûr, Syndic. Elle n'y connaît rien. Et nous doublons le tarif.

LE SYNDIC, criant.
Nous vous proposons ce contrat de publicité, chère Madame. Les conditions y sont les plus avantageuses que nous ayions jamais accordées.

LA FOLLE
Parfait. Voici l'entrée pour la visite.

LE SYNDIC, criant.
O Madame, nous ne visiterons pas. La publicité n'a

pas à s'occuper de la réalité. Que votre gisement soit réel ou imaginaire, c'est l'honneur de sa mission, à laquelle elle ne dérogera pas, de le décrire avec le même zèle.

LA FOLLE

Alors je ne signe pas.

LE SYNDIC, criant.

A votre aise. Visitons-le. Mais en nous obligeant à constater l'existence de la matière publicitaire, vous nous amenez du même coup à rompre avec nos traditions d'impartialité entre le réel et le faux. Nous devons élever notre tarif de trente-cinq pour cent.

LA FOLLE

Je signe...

LE SECRÉTAIRE GÉNÉRAL, criant.

Il est bien agréable de voir, Madame, que les sources de pétrole ont maintenant leur naïade !

> Ils s'engouffrent dans l'escalier. Irma apparaît, essayant de retenir trois dames. Tenue nette. Cigarettes.

IRMA

Mesdames ! Mesdames ! Seuls les hommes sont convoqués !

LA FOLLE

Laisse entrer, Irma. Et ne dis plus que je suis sourde.

UNE DES FEMMES

Tu vois. Félix nous cachait tout. Mais j'ai eu vent de ce pétrole par Raymond. Il ne se doutait pas que j'écoutais au ministère sur le téléphone de Jimmy. A propos de Jimmy, c'est entendu pour les six mille conserves avec Hubert. Le cabinet de Kiki est d'accord.

LA SECONDE

Si nous voulons prévenir Bob, sautons après la visite chez Ivan. Raoul n'a plus l'entrée de Paul. Et Ivan voit large. Plus même que Jacquot. A propos, il nous refile l'option sur les blés de Totor.

LA TROISIÈME

Rien à François, en tout cas ? Philippe saurait tout. Et tu connais Gustave ! C'est le puits, Madame ?

LA FOLLE, qui les a regardées avec dégoût.

C'est le puits.

UNE DES FEMMES

Les cigarettes, mes filles. Gare au pétrole. Tu nous vois, avec un cil grillé !

Elles descendent.

LA FOLLE

Et voilà. Le monde est sauvé. C'est fini.

Elle referme le pan de mur. Irma apparaît, affolée, contenant la porte que l'on pousse du dehors.

IRMA

C'est le petit vieux, Comtesse. Celui qui appelle Mme Constance la Folle de Passy. Il me pince. Il me poursuit !

LA FOLLE

Laisse entrer ! Il arrive à point.

Le petit vieux entre. Terriblement antipathique. Irma se sauve.

LE PETIT VIEUX

Ah, vous voilà ! C'est une chance ! J'ai à vous notifier que vos chats du quai Debilly auront passé l'arme à gauche ce soir.

LA FOLLE

Comment cela ?

LE PETIT VIEUX

Voyez ces poches pleines. Ce sont des boules à poison que je vais leur jeter illico.

Il rafle ce disant le lingot.

LA FOLLE

Je vous en défie. Ils sont là, dans ma cave.

LE PETIT VIEUX

Ouvrez la cave !

LA FOLLE

Jamais !

LE PETIT VIEUX

Je vous ordonne de m'ouvrir la porte de la cave !

LA FOLLE

Il y fait noir.

LE PETIT VIEUX

Je suis nyctalope.

LA FOLLE

L'escalier est à pic.

LE PETIT VIEUX

Je suis du Club Alpin.

Elle va vers le mur.

LA FOLLE

Les merceries d'enfant vous intéressent, en carton vert, avec bordure d'or ?

LE PETIT VIEUX

Quand je les vois, je les brise. Je suis philatéliste.

Elle ouvre la trappe.

LA FOLLE

Très bien ! Allez !

LE PETIT VIEUX

Les sales bêtes. Ils miaulent. Ce sont bien ceux du quai Debilly. A cent mètres, on jurerait des cris d'hommes. Il y a même des chattes, à ce qu'on dirait !

Il s'engouffre, dans la joie. La Folle referme le mur.

LA FOLLE

Il m'a pris le lingot, le brigand ! Il faut qu'il me le rende !

Elle va pour ouvrir, reste immobile.

LA FOLLE

Voilà qui devait arriver, avec ma distraction. Je me rappelle le secret pour fermer. J'ai oublié le secret pour ouvrir. Après tout, cela ne fera pas si mal, un lingot d'or au milieu de ces fous.

Elle sonne le timbre. Irma paraît.

IRMA

Seule, Comtesse ? Et tous ces hommes ?

LA FOLLE

Evaporés, Irma. Ils étaient méchants. Les méchants s'évaporent. Ils disent qu'ils sont éternels, et on le croit, et ils font tout pour l'être. Il n'y a pas plus prudent pour éviter les rhumes et les voitures. Mais pas du tout ! L'orgueil, la cupidité, l'égoïsme les chauffent à un tel degré de rouge que s'ils passent sur un point où la terre recèle la bonté ou la pitié, ils s'évaporent. On raconte que des financiers sont tombés de l'avion dans la mer. Mensonge. L'avion a passé simplement au-dessus d'un banc de sardines innocentes. Tous ces bandits t'ont effleurée au passage. Tu ne les reverras plus !

> Elle s'est replacée dans son fauteuil. Irma et Pierre entrent, radieux, suivis de tous les comparses alliés.

PIERRE

O Madame, merci !

LA FLEURISTE

Remontez avec nous, Madame. Tout est si beau, là-haut ! On doit signer un armistice. Les inconnus s'embrassent.

LE JONGLEUR

Les pigeons volent, et par un, comme les colombes après le déluge.

LE MARCHAND DE LACETS

L'herbe du Cours la Reine s'est mise en une minute à repousser : c'est la mort d'Attila !

LE CHIFFONNIER

Plus un seul mec. Le poissonnier m'a dit bonjour !

> A partir de ce moment, les paroles des amis de la Folle ne sont plus perceptibles. Ils parlent entre eux, pleins de joie. On voit leurs lèvres remuer, mais on n'entend que le sourd-muet. Le mur opposé au mur du souterrain s'est ouvert, et des

cortèges sortent, que seule la Folle voit... Le premier est un cortège d'hommes aimables, souriants.

LEUR CHEF

Merci, Comtesse. En contrepartie de vos envois souterrains, enfin l'on nous libère. Nous sommes ceux qui ont sauvé des races d'animaux. Voici Jean Cornell, qui a sauvé le castor. Voici le baron de Blérancourt, qui a sauvé le braque Saint-Germain. Voici Bernardin Cevenot qui a tenté de sauver le dronte, cette oie de la Réunion. C'était l'oiseau le plus bête du monde. Mais c'était un oiseau. Il n'en reste plus que cet œuf trouvé là-bas dans un marais de naphte. Ce soir nous le ferons couver. Merci, et venez tous. Nous allons dire son vrai nom au sloughi de la duchesse.

Ils disparaissent. Les autres gesticulent sans rien voir, ils parlent sans sons à part le sourd-muet.

LE SOURD-MUET

Tout à fait comme Irma le dit : L'amour est le désir d'être aimé.

Un autre groupe sort du souterrain, aussi courtois, aussi souriant.

LEUR CHEF

Merci, Comtesse, pour cette relève à laquelle nous avions bien droit. Nous sommes tous ceux qui ont sauvé ou créé une plante. C'était un contresens de nous laisser sous terre. D'autant que les plus petits végétaux possèdent les plus grosses racines et que nous y vivions dans la confusion. Voici M. Pasteur, celui du houblon. Voici M. de Jussieu, celui du cèdre. Il nous mène arracher la gousse d'ail qu'un criminel vient de piquer dans le cèdre du quai de Tokio.

Ils s'effacent.

ACTE DEUXIÈME

LE SOURD-MUET

C'est le mot même d'Irma : Sur les ailes du temps la tristesse s'envole...

> Un dernier groupe sort du souterrain, composé d'hommes étrangement semblables, un peu miteux, un peu chauves, avec de longues manchettes en loques.

LEUR CHEF

Merci, Comtesse. C'est pour vous, pour vous seule que nous revenons. Nous sommes tous les Adolphe Bertaut du monde. Nous avons décidé de vaincre cette timidité qui a gâché notre vie et la vôtre. Nous ne fuirons plus ce que nous aimons. Nous ne suivrons plus ce que nous haïssons. Nous voulons être beaux avec des manchettes glacées. Nous vous rapportons ce melon et venons, Comtesse, demander votre main !

LA FOLLE, criant.

Trop tard ! Trop tard !

> Les Bertaut disparaissent. Les voix redeviennent perceptibles, à part celle du sourd-muet.

PIERRE

Pourquoi trop tard, Madame ?

IRMA

Que dites-vous, Comtesse ?

LA FOLLE

Je dis que lorsqu'ils ont eu, pour se déclarer, le 24 mai 1880, le plus beau lundi de Pentecôte qu'aient jamais eu les bois de Verrières, le 5 septembre 1887, quand ils ont pris et grillé sur l'herbe ce brochet à Villeneuve-Saint-Georges, ou même à la rigueur, le 21 août 1897, jour de l'entrée à Paris du tsar, et qu'ils

155

les ont tous laissé passer sans rien vous dire, c'est trop tard ! Embrassez-vous tous les deux, et vite !

IRMA ET PIERRE

Que nous nous embrassions ?

LA FOLLE

Il y a trois heures que vous vous connaissez, et vous plaisez, et vous aimez. Embrassez-vous, et vite, sinon ce sera trop tard.

PIERRE

Madame...

LA FOLLE

Regarde-le qui hésite déjà, qui hésite devant le bonheur, comme tous ceux de son sexe. Embrasse-le, Irma. Si deux êtres qui s'aiment laissent une seule minute se loger entre eux, elle devient des mois, des années, des siècles. Forcez-les à s'embrasser, vous autres, sinon dans l'heure elle sera la Folle de l'Alma et à lui il poussera une barbe blanche... Bravo ! Que n'avez-vous été là voilà trente ans. Je n'y serais pas aujourd'hui. Mon cher sourd-muet, taisez-vous. Vous nous cassez les yeux. Irma n'est plus là pour vous traduire.

IRMA, des bras de Pierre.

Il dit que nous nous embrassons.

LA FOLLE

Rien ne lui échappe. Merci, sourd-muet. Et voilà, l'affaire est finie. Vous voyez comme elle était simple. Il suffit d'une femme de sens pour que la folie du monde sur elle casse ses dents. Mais la prochaine fois, n'attendez pas, chiffonnier. Dès que menacera une autre invasion de vos monstres, alertez-moi tout de suite.

ACTE DEUXIÈME

LE CHIFFONNIER

Entendu. Comtesse, à la première gueule.

LA FOLLE

Assez de temps perdu...

Elle se lève.

Tu as mes os et mon gésier, Irma?

IRMA

Ils sont prêts, Comtesse.

LA FOLLE

Alors remontons. Aux affaires sérieuses, mes enfants ! Il n'y a pas que les hommes ici-bas. Occupons-nous un peu maintenant des êtres qui en valent la peine !

Le rideau tombe.

Table

Le Livre de Poche s'engage pour
l'environnement en réduisant
l'empreinte carbone de ses livres.
Celle de cet exemplaire est de :
200 g éq. CO$_2$
Rendez-vous sur
www.livredepoche-durable.fr

PAPIER À BASE DE
FIBRES CERTIFIÉES

Achevé d'imprimer en décembre 2016, en France sur Presse Offset par
Maury Imprimeur – 45330 Malesherbes
N° d'imprimeur : 213604
Dépôt légal 1re publication : avril 1968.
Édition 24 – décembre 2016
LIBRAIRIE GÉNÉRALE FRANÇAISE – 21, rue du Montparnasse – 75298 Paris Cedex 06

30/2373/6